"十三五"应用型本科院校系列教材/经济管理类

Entrepreneurial Training Course of E-Business

电商创业实操教程

主　编　刘世鹏
副主编　吴　征　黄秀梅　苏庆艳

哈尔滨工业大学出版社
HARBIN INSTITUTE OF TECHNOLOGY PRESS

内 容 简 介

随着"互联网+"的迅速发展和我国"大众创业、万众创新"政策的推广,无论是内贸电商还是跨境电商都迅速发展起来,并形成了一股电商创业大潮。传统的淘宝、天猫等平台,各种 App、微信、微博营销等随着这股热潮迅速发展起来。鉴于此,本书分为 12 个实验项目,将适合大学生低成本创业的平台介绍给广大的创业者,为大学生提供创业的可能性和机会。本书介绍了电子商务的基础理论,然后以选品、销售渠道、物流选择到售后一系列电商流程为顺序,分别讲授了内贸电商创业渠道和跨境电商创业渠道。本书图文并茂,通俗易懂,便于学习和操作。

本书可作为本、专科层次的学校开设相关创业课程的教材,也可为广大读者提供创业参考。

图书在版编目(CIP)数据

电商创业实操教程/刘世鹏主编. —哈尔滨:哈尔滨工业大学出版社,2018.1(2021.1 重印)
"十三五"应用型本科院校系列教材
ISBN 978-7-5603-7191-7

Ⅰ.①电… Ⅱ.①刘… Ⅲ.①电子商务-商业经营-高等学校-教材 Ⅳ.①F713.365.2

中国版本图书馆 CIP 数据核字(2017)第 328960 号

策划编辑 杜 燕
责任编辑 王晓丹 宗 敏
出版发行 哈尔滨工业大学出版社
社　　址 哈尔滨市南岗区复华四道街 10 号 邮编 150006
传　　真 0451-86414749
网　　址 http://hitpress.hit.edu.cn
印　　刷 哈尔滨市颉升高印刷有限公司
开　　本 787mm×1092mm 1/16 印张 14.5 字数 335 千字
版　　次 2018 年 1 月第 1 版 2021 年 1 月第 5 次印刷
书　　号 ISBN 978-7-5603-7191-7
定　　价 32.00 元

(如因印装质量问题影响阅读,我社负责调换)

《"十三五"应用型本科院校系列教材》编委会

主　任　　修朋月　　竺培国
副主任　　张金学　　吕其诚　　线恒录　　李敬来　　王玉文
委　员　　丁福庆　　于长福　　马志民　　王庄严　　王建华
　　　　　王德章　　刘金祺　　刘宝华　　刘通学　　刘福荣
　　　　　关晓冬　　李云波　　杨玉顺　　吴知丰　　张幸刚
　　　　　陈江波　　林　艳　　林文华　　周方圆　　姜思政
　　　　　庹　莉　　韩毓洁　　蔡柏岩　　臧玉英　　霍　琳
　　　　　杜　燕

序

哈尔滨工业大学出版社策划的《"十三五"应用型本科院校系列教材》即将付梓,诚可贺也。

该系列教材卷帙浩繁,凡百余种,涉及众多学科门类,定位准确,内容新颖,体系完整,实用性强,突出实践能力培养。不仅便于教师教学和学生学习,而且满足就业市场对应用型人才的迫切需求。

应用型本科院校的人才培养目标是面对现代社会生产、建设、管理、服务等一线岗位,培养能直接从事实际工作、解决具体问题、维持工作有效运行的高等应用型人才。应用型本科与研究型本科和高职高专院校在人才培养上有着明显的区别,其培养的人才特征是:①就业导向与社会需求高度吻合;②扎实的理论基础和过硬的实践能力紧密结合;③具备良好的人文素质和科学技术素质;④富于面对职业应用的创新精神。因此,应用型本科院校只有着力培养"进入角色快、业务水平高、动手能力强、综合素质好"的人才,才能在激烈的就业市场竞争中站稳脚跟。

目前国内应用型本科院校所采用的教材往往只是对理论性较强的本科院校教材的简单删减,针对性、应用性不够突出,因材施教的目的难以达到。因此亟须既有一定的理论深度又注重实践能力培养的系列教材,以满足应用型本科院校教学目标、培养方向和办学特色的需要。

哈尔滨工业大学出版社出版的《"十三五"应用型本科院校系列教材》,在选题设计思路上认真贯彻教育部关于培养适应地方、区域经济和社会发展需要的"本科应用型高级专门人才"精神,根据黑龙江省委前书记吉炳轩同志提出的关于加强应用型本科院校建设的意见,在应用型本科试点院校成功经验总结的基础上,特邀请黑龙江省9所知名的应用型本科院校的专家、学者联合编写。

本系列教材突出与办学定位、教学目标的一致性和适应性,既严格遵照学科体系的知识构成和教材编写的一般规律,又针对应用型本科人才培养目标及与之相适应的教学特点,精心设计写作体例,科学安排知识内容,围绕应用讲授理论,做到"基础知识够用、实践技能实用、专业理论管用"。同时注意适当融入新理论、新技术、新工艺、新成果,并且制作了与本书配套的PPT多媒体教学课件,形成立体化教材,供教师参考使用。

《"十三五"应用型本科院校系列教材》的编辑出版,是适应"科教兴国"战略对复合型、应用型人才的需求,是推动相对滞后的应用型本科院校教材建设的一种有益尝试,在应用型创新人才培养方面是一件具有开创意义的工作,为应用型人才的培养提供了及时、可靠、坚实的保证。

希望本系列教材在使用过程中,通过编者、作者和读者的共同努力,厚积薄发、推陈出新、细上加细、精益求精,不断丰富、不断完善、不断创新,力争成为同类教材中的精品。

前　言

随着中国经济的快速增长，中国的大国地位稳步提升，中国再次回到了引领世界经济创新的舞台中央。2017年5月，来自"一带一路"沿线的20个国家的青年评选出了中国的"新四大发明"：高铁、支付宝、共享单车和网购。在这其中就有三个发明与电子商务有关。因此可以说电子商务不仅正在改变中国人的生活方式，而且中国的电子商务也在悄然地改变全世界对中国人的印象。2017"双11"狂欢落下帷幕，天猫最终交易定格在1 682亿元人民币，创下历史新高。京东"全球好物节"从11月1日到11月11日24时累计下单金额达1 271亿元。不仅中国内贸电商发展势头强劲，中国跨境电商发展势头同样迅猛。阿里巴巴全球速卖通平台产品出口覆盖全球230余个国家和地区，在全球经济增长持续放缓、复苏进程缓慢的大背景下，海外买家客单价较去年同期逆势增长28.3%。同属阿里旗下的电子商务平台，淘宝是中国最大的内贸电子商务交易平台；全球速卖通是最大的跨境电子商务交易平台。规则易懂、操作简单、门槛较低、货源充足是这两个交易平台共同的特点。本书为了提升学生的就业能力和创业能力，使其迅速取得较好的创业效果，主要实操过程均围绕这两个交易平台展开。

本书共分为3个模块，包括12个实验项目。模块一电子商务基础理论：包括实验项目1电子商务概述，实验项目2电子商务平台介绍；模块二内贸电商创业实践：包括实验项目3货源、实验项目4数据选品、实验项目5销售渠道及运营、实验项目6物流选择、实验项目7客户服务；模块三外贸电商创业实践：包括实验项目8开通全球速卖通店铺、实验项目9数据分析选品、实验项目10店铺运营、实验项目11物流与客服、实验项目12国际支付宝。

本书编写过程中着重实用性、易操作性、创新性和实践性。

（1）实用性。本书主要以提升大学生创业能力及以学生能够开通并运营店铺为主要目的，突出实用性。本书不仅能为大学创业课程的开设提供素材，也可为大学生创业提供前期的基础培训教材。

（2）易操性。本书以作者的店铺为蓝本，按照开店流程和店铺运营步骤，运用图片加文字进行说明，图文并茂，操作简单。

(3)创新性。本书的主要内容来源于作者真实的淘宝店铺和速卖通店铺,书中内容紧跟平台政策变化,保证学生掌握最前沿的知识和技能。本书放弃传统教材"章、节、目"的结构,以实验项目模块的形式,按照流程介绍,利于学生掌握。

(4)实践性。本书的实验项目3货源部分精选哈尔滨当地各类线下货源市场,在进行图文介绍的同时,准确标注货源地址及交通方式,方便学生实地考察各类商品的市场需求、市场供应现状。

本书大纲的制订和撰写由黑龙江财经学院电商创业实践小组刘世鹏、吴征、黄秀梅、苏庆艳四位教师共同完成。项目1、项目2、项目3和项目11由苏庆艳老师完成,项目4和项目9由吴征老师完成,项目5、项目6和项目7由黄秀梅老师完成,项目8、项目10和项目12由刘世鹏老师完成;本书的素材以四位老师带领的黑龙江财经学院"龙财电商先锋队"进行创业实践时开通的淘宝店铺、公众号及全球速卖通店铺为蓝本。("龙财电商先锋队"成员有国际经济与贸易专业2014级李秋颖、孙立新和杨森同学,2015级粟玮宝、崔浩楠、赵家鑫、谢博文、赖照金等同学,2016级范宇彤、孔令双、臧瑞林等同学)。

本教材模块三外贸电商创业实践作为省教育厅规划课题研究战果,课题名称为"跨境电商创业实践融入人才培养全过程研究",课题编号GJC1316176。

黑龙江财经学院于长福副院长和庹莉处长在本书编写过程中多次给予指导和修改意见,黑龙江省信息港云科技有限公司运营总监潘小敏经理为创业实践提供指导。本书在编写过程中参考并引用了相关的文献资料,在此向相关的作者表示谢意。由于作者水平有限,书中的不足及疏漏之处恳请各位专家及读者批评指正,以便今后修改和完善。

编者
2018年1月

目 录

模块一 电子商务基础理论

实验项目 1 电子商务概述 ·· 3
实验项目 2 电子商务平台介绍 ·· 18

模块二 内贸电商创业实践

实验项目 3 货源 ·· 29
实验项目 4 数据选品 ·· 56
实验项目 5 销售渠道及运营 ··· 90
实验项目 6 物流选择 ·· 132
实验项目 7 客户服务 ·· 152

模块三 外贸电商创业实践

实验项目 8 开通全球速卖通店铺 ··· 163
实验项目 9 数据分析选品 ·· 177
实验项目 10 店铺运营 ·· 188
实验项目 11 物流与客服 ··· 203
实验项目 12 国际支付宝 ··· 218
参考文献 ·· 222

模块一 电子商务基础理论

实验项目1
Chapter 1

电子商务概述

实验目的:了解电子商务的含义、特点、分类和发展现状。
实验任务:浏览各个模式下有代表性的电子商务网站。

1.1 电子商务的含义

电子商务分为狭义的电子商务和广义的电子商务两种,二者的关系如图1.1所示。

狭义的电子商务(E-Commerce)主要是指运用Internet开展的商务交易或与商务交易直接相关的活动。

广义的电子商务(E-Business)指运用IT技术对整个商务活动实现电子化。E-Business是利用Internet、Intranet和Extranet,或移动网络等各种不同形式的网络以及其他信息技术进行的所有的企业活动。

图1.1 狭义电子商务与广义电子商务的关系

1.2 电子商务的特点

电子商务与传统商务方式不同,它是在传统商务的基础上发展起来的,是综合运用信息技术,以提高贸易伙伴间商业运作效率为目标,将一次交易全过程中的数据和资料用电子方式实现,在商业的整个运作过程中实现交易无纸化、直接化,从根本上精简商业环节、降低运营成本、提高运营效率、增加企业利润、优化社会资源配置,从而实现社会财富的最大化利用的一种商务活动。因此,它与传统的商务活动相比,具有以下的特点:时间无限化、市场全球化、交易虚拟化、成本降低化、过程高效化、流程透明化、服务个性化等。

1.2.1 时间无限化

传统商务总是受人们作息时间的限制,通常只能提供固定工作日和固定工作时间的运营和服务,而电子商务借助网络虚拟平台,可使厂商真正提供昼夜不间断的服务和全天候的营业,方便服务客户和优化服务。例如,午夜时分我们依然可以登录淘宝、天猫或任何一家购物网站选购商品。

1.2.2 市场全球化

电子商务不仅跨越时间,也跨越了空间,拥有无地域界限的全球市场,这是因为其所凭借的主要媒体——互联网具有全球性的本质。跨国经营不只是大企业、大公司才能做到,无论在哪个国家或地区,中小企业,甚至小微企业只要能接入国际互联网络,都可以方便地使用国际互联网所提供的各种服务,享用国际互联网上庞大的全球信息资源,并进入全球市场。例如,中国化工网建有国内最大的化工专业数据库,是化工企业获取资讯、寻找商机、扩大知名度、寻找合作的首选平台。

1.2.3 交易虚拟化

电子商务以电子虚拟市场作为其运作空间,通过网络就可以完成选取商品、交易洽谈、订单签订和电子支付,利用虚拟的交易方式打破了传统企业间明确的组织,整个交易演变为电子化、数字化、虚拟化,实现在线经营。例如,我们在当当网上选中了自己喜欢的书籍,点击确认,通过网上银行付款,然后我们就在家等当当网送书上门。

1.2.4 成本降低化

电子商务使得买卖双方的交易成本大大降低,具体表现在:

第一,在交易前,卖方可通过互联网络进行产品介绍、宣传,避免了在传统方式下做广告、发印刷品等大量费用;距离越远,网络上进行信息传递的成本相对于信件、电话、传真而言就越低。此外,缩短时间及减少重复的数据录入也降低了信息成本。

第二,在交易进行中,买卖双方通过网络进行商务活动,无须中介者参与,减少了交易的有关环节;另外,电子商务实行"无纸贸易",可减少约90%的文件处理费用;互联网使买卖双方即时沟通供需信息,使无库存生产和无库存销售成为可能,从而使库存成本降为零。

1.2.5 过程高效化

由于互联网络将贸易中的商业报文标准化,使商业报文能在世界各地瞬间完成传递与计算机自动处理,原料采购、产品生产、需求与销售、银行汇兑、保险、货物托运及申报等过程无须人员干预,将在最短的时间内完成。传统贸易方式中,用信件、电话和传真传递信息,必须有人的参与,且每个环节都要花不少时间。有时由于人员合作和工作时间的问题,会延误传输时间,失去最佳商机。电子商务克服了传统贸易方式费用高、易出错、处理速度慢等缺点,极大地缩短了交易时间,使整个交易非常快捷与方便。

1.2.6 流程透明化

电子商务可以使买卖双方的整个交易过程都通过网络进行。通畅、快捷的信息传输方便了各种信息之间互相核对,有助于防止伪造信息的流通。例如,网络购物可以随时查找订单的进程,并且可以查到货物送达的时间和地点。

1.2.7 服务个性化

电子商务企业可以利用电子商务向客户提供个性化的服务。个性化消费将逐步成为消费的主流,消费者希望以个人心理愿望为基础,购买个性化的产品及服务,甚至要求企业提供个性化的订制服务。主要包括三方面的内容:一是需求的个性化定制。由于自身条件的不同,客户对商品和服务的需求也不尽相同,因此如何及时了解客户的个性化需求是首要任务。二是信息的个性化定制。互联网为个性化定制信息提供了可能,也预示着巨大的商机。三是对个性化商品的需要。特别是技术含量高的大型商品,消费者不再只是被动地接受,商家也不仅仅是提供多样化的选择范围了事,消费者可以将个人的偏好加诸商品的设计和制造过程中去。例如,淘宝网上有很多店铺,能专业提供个性化的礼品定制,它可以在 T-shirt、杯子、靠垫等各种产品上印制顾客自己喜欢的图案和文字,只需选择产品模版,再上传自己的照片、设计图或添加文字,确认效果后下订单,店铺就可以把客户设计的效果图变成个性化的成品,还会按照客户的要求送到指定的地点。

1.3 电子商务的主要分类

1.3.1 按照参与主体分类

1. B2B 模式

企业与企业之间的电子商务模式(B2B,Business to Business)是指企业通过内部信息系统平台和外部网站将面向上游供应商的采购业务和下游代理商的销售业务有机地联系在一起,从而降低彼此之间的交易成本,提高客户满意度的商务模式,例如,谈判、订货、签约、付款以及索赔处理、商品发送管理等。

企业与企业之间的电子商务是电子商务业务的主体。就目前看,电子商务在供货、库存、运输、信息流通等方面大大提高了企业的效率,电子商务最热心的推动者也是企业。企业和企业之间的交易是通过引入电子商务能够产生大量效益的地方。对于一个处于流通领域的商贸企业来说,由于它没有生产环节,电子商务活动几乎覆盖了整个企业的经营管理活动,是利用电子商务最多的企业。通过电子商务,商贸企业可以更及时、准确地获取消费者信息,从而准确订货、减少库存,并通过网络促进销售,以提高效率、降低成本,获取更大的利益。随着 B2B 平台为中小企业提供信息化管理搭建服务的兴起,解决了中小企业信息化水平落后的障碍,加上物流水平快速发展、支付系统日渐完善,B2B 更是实现了突破性发展。

中国目前 B2B 模式的电商平台中,规模最大的当属阿里巴巴集团旗下的 B2B 旗舰业务。2017 年上半年,阿里巴巴集团旗下的 1688 上线了针对跨境出口电商卖家的跨境专供货源市场,并推出了 1688 工业品品牌站,欲通过数据赋能持续帮助工业品企业实现商品数字化以及电子化渠道体系完善,助力品牌营销。

中国电子商务研究中心监测数据显示,2017 年上半年 B2B 电商市场交易额为 9.8 万亿元(人民币,下同),上半年电商市场整体交易额为 13.35 万亿元,B2B 占比约为 73%。2017 年上半年中国 B2B 电商平台市场份额中,阿里巴巴排名首位,市场份额 37%;第二名为慧聪网,占比为 7.9%;排名第三的是环球资源网,占比为 4.3%。

2. B2C 模式

企业与消费者之间的电子商务模式(B2C,Business to Customer)是指企业与消费者之间依托互联网等现代信息技术手段进行的商务活动。B2C 模式是一种电子化的零售,主要采取在线销售形式,以网络手段实现公众消费或向公众提供服务,并保证与其相关的付款方式的电子化。目前有各种类型的网上商店或虚拟商业中心,向消费者提供从鲜花、书籍、食品、饮料、玩具到计算机、汽车等各种商品和服务,几乎包括了所有的消费品。为了方便消费者,网上商品做成了电子目录,里面有商品的图片、详细说明书、尺寸和价格信息等。网上购买引擎或购买指南可以帮助消费者在众多的商品品牌之间做出选择，消费者对选中的商品只要用鼠标点击，再把它拖到虚拟购物车里就可以了。在付款时，消费者需要输入自己的姓名、家庭住址以及信用卡号码。完成以上操作后，网上购物就算完成。

据中国电子商务研究中心监测数据显示，按 GMV（Gross Merchandise Volume）进行计算，2017 年上半年中国 B2C 网络零售市场（包括开放平台式与自营销售式，不含品牌电商），天猫排名第一，占 50.2% 的份额；京东名列第二，占据 24.5% 的份额；唯品会位于第三，占 6.5% 的份额。当前的格局是：天猫仍旧处于霸主地位，但是市场份额较往年相比，略有减少，与京东同为"第一梯队"；唯品会、苏宁云商、国美互联网等为 B2C 市场的"第二梯队"，三家平台市场占比稳中有升。而包括 1 号店、亚马逊中国、当当、聚美优品、蜜芽等在内的多家平台为"第三梯队"。整体来看，零售电商行业"马太效应"日渐明显，但在移动社交电商领域，也不乏诸如拼多多、云集微店、有赞这样的"黑马"产生，酝酿新变局。

3. C2C 模式

个人与个人之间的电子商务模式（C2C，Customer to Customer）是消费者与消费者之间通过互联网进行的个人交易。这种模式使卖方可以主动提供商品上网销售，而买方可以自行选择商品进行购买，为消费者提供了便利与实惠。自 1999 年中国网上拍卖开始盛行，易趣、淘宝等专业竞买网站相继开通，并得到网民的青睐。目前国内个人商品交易平台最有代表性和影响力的就是淘宝网（taobao.com），也是亚太地区最大的网络零售商圈。随着淘宝网规模的扩大和用户数量的增加，淘宝也从单一的 C2C 网络集市变成了包括 C2C、团购、分销、拍卖等多种电子商务模式在内的综合性零售商圈。目前已经成为世界范围的电子商务交易平台之一。

4. B2G 模式

企业与政府之间的电子商务模式（B2G，Business to Government）指的是企业与政府机构之间进行的电子商务活动。企业与政府之间的电子商务主要包括三种：一是企业通过网络向政府管理部门办理各种手续，如工商注册、办证、报关、出口退税；二是政府管理部门对企业进行征税和监管（如商检、审核）；三是政府部门进行工程的招投标或政府采购。这样可以提高政府机构的办事效率，使政府工作更加透明、廉洁。

总之，在电子商务中，政府有着双重角色：既是电子商务的使用者，进行购买活动，属于商业行为；又是电子商务的宏观管理者，对电子商务起着扶持和规范的作用。对企业而言，政府既是电子商务的消费者，又是电子商务中企业的管理者。

1.3.2 按照空间范围分类

1. 内贸电子商务

内贸电子商务是指交易主体处于同一个国家，通过网络从事商务活动的电子商务模式,也就是在本国范围内进行电子商务活动。其交易的地域范围较大,对软硬件的技术要求较高,要求在全国范围内实现商业电子化、自动化,实现金融电子化,交易各方应具备一定的电子商务知识、经济能力和技术能力,并具有一定的管理水平。运用电子化手段的电子商务与传统商务在很多方面都有区别,如在信息来源、流通渠道、交易对象与时间、销售方式和营销活动方面,尤其是销售地点和服务方式上都有明显区别,两者对比如下表1.1。

表1.1 电子商务与传统商务的比较

项目	传统商务	电子商务
信息来源	根据销售商的不同而不同	清晰、透明
流通渠道	企业→各级批发商→零售商→消费者	企业→消费者
交易对象	部分或特定地区	全球
交易时间	规定的工作时间	24小时不间断
销售方式	利用各种渠道买卖	完全自由交易
营销活动	销售商的单方营销	双向通信、PC、一对一
顾客方便度	受时间与地点的限制	无拘无束购物
对应顾客	需长时间掌握顾客需求	迅速捕捉和应对顾客需求
销售地点	需要销售空间(店铺)	虚拟空间(Cyber Space)
服务方式	统一服务	个性化

2. 跨境电子商务

跨境电子商务是指分属不同关境的交易主体,通过电子商务平台达成交易、进行支付结算,并通过跨境物流送达商品、完成交易的一种国际商业活动。基本等同于外贸电商。

跨境电子商务在运营成本、交易过程、贸易价值链上有较大优势,并成为新兴贸易模式之一。在传统贸易受金融危机影响后持续低迷和国家大力提倡发展电子商务的良好背景下,跨境电子商务这一新兴贸易模式将有助于改变我国粗放型出口的现状,稳定货物贸易总值,做大做强服务贸易,在促进对外贸易转型升级方面具有重要意义,也是推动我国从贸易大国走向贸易强国、从加工制造大国转向加工强国甚至于销售强国的一条可行途径。跨境电子商务贸易在交易环节、订单类型、规模和速度、价格与利润、企业规模等方面有着传统贸易无法比拟的优势。两者对比如表1.2。

表1.2 传统贸易模式与跨境电子商务贸易模式比较

类型	传统贸易模式	跨境电子商务贸易模式
业务模式	基于传统商务合同	基于互联网电子商务平台数字化业务
交易环节	烦琐复杂,涉及中间商多	简单轻便,涉及中间商少
订单类型	数量大,订单少但集中,周期略长	数量小,订单多但分散,周期略短
规模和速度	市场规模巨大,但容易受地域贸易保护限制,增加速度已经放缓	市场规模潜力巨大,不受地域贸易保护限制,呈现高速增长的态势
价格与利润	价格高,利润率低	价格低,利润率高
支付手段和争端处理	通过正常贸易支付,具备健全争端处理机制	通过第三方支付,争端处理繁杂且效率低下
对物流要求	以集装箱海运为主,物流因素对交易主体影响小	以邮政物流为主,以航空小包的形式完成,物流因素对交易主体影响大
结汇方式	依据传统国际贸易程序,享受优惠政策通关、结汇和退税	灰色通关或以邮寄物方法通关,通过效率低下,无法享受优惠的退税和结汇政策
企业规模	规模大,企业受资金约束程度较高	规模小,企业受资金约束程度低

1.4 我国电子商务发展现状

1.4.1 我国电子商务市场交易规模

我国电子商务的发展开始于20世纪90年代初期,是以国家公共通信网络为基础,以国家"金关""金桥""金税"和"金卡"四个信息化工程为代表,以外经贸管理服务为重要内容逐步发展起来的。

在2008年,我国电子商务交易额达3.2万亿元,之后保持着逐年递增的势头。2014年电子商务交易额突破10万亿元大关,达到12万亿元,比上一年增长27.66%;2015年电子商务交易额达18.3万亿元,比上一年增长52.5%,这一增长率开创了历年之最;2016年电子商务交易额突破20万亿元大关,达到23万亿元,比上一年增长25.68%;根据2017年上半年电子商务交易额以及近三年该数值增长比例,预计2017年全年电子商务交易额将达到29万亿元。2016年商务部、中共中央网络安全和信息化领导小组办公室、中华人民共和国国家发展和改革委员会三部门联合发布《电子商务"十三五"发展规划》(以下简称《规划》)。《规划》全面总结了"十二五"期间电子商务发展取得的成果,分析了"十三五"期间电子商务发展面临的机遇和挑战,明确了电子商务发展的指导思想、基本原则和发展目标,提出了电子商务发展的5大主要任务、17项专项行动和6条保障措施。

自2008年以来,跨境电商的交易规模逐年扩大,近几年以惊人的速度蓬勃发展,并成为我国经济的新型增长热点。我国跨境电子商务交易规模在2008年是0.8万亿元;2010年突破了1万亿元,达到1.3万亿元,年增长幅度达到44.44%;2013年达到3.1万亿元,年增长幅度达到34.78%;2014年达到4.2万亿元,年增长幅度为29.03%,发展增速远远超过同期外贸的增长速度;2016年全年跨境电商交易额达到6.7万亿元,年增长幅度达到24.07%。虽然近几年来,跨境电商交易规模的增长率总体并未始终保持上升趋势,但均实现了超过20%以上的增长率。据艾瑞咨询、中投顾问等第三方机构报告显示,2017年我国跨境电商交易规模将达到或超过7.5万亿元,2018年将达到8.8万亿元,2020年则有望达到12万亿元。这意味着未来几年,我国跨境电商交易规模将保持在年均20%左右的高增长水平。在未来几年,随着多项与跨境电商相关政策的出台,在规范跨境电商行业市场的同时,也让跨境电商企业开展跨境电商业务得到了保障,我国在跨境电商时代会成为全球贸易中心。

2008年至2017年(估计值)我国电子商务、跨境电商交易规模及各年增长率详见下图1.2所示。

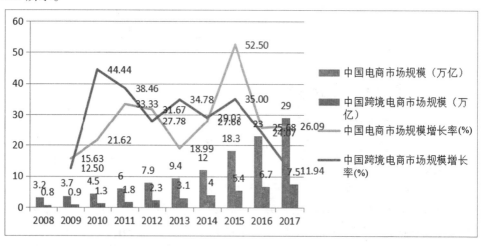

图1.2 2008年至2017年我国电子商务、跨境电商交易规模及各年增长率

1.4.2 我国电子商务市场交易商品

随着我国"互联网+"政策的推广,在我国网上销售的商品中,商品的门类和品种已

经非常齐全和丰富,几乎覆盖了农业、工业等各个产业部门的分类以及关乎百姓生活的各个领域,大到各个行业在生产制造过程中需要的机器设备和零部件、配件;小到百姓衣食住行的生活中需要的一粒米和一针一线;甚至可以毫不夸张地说,"在网络上只有你想不到的商品,没有你买不到的商品"。根据统计数据分析,在网上零售的商品中交易额居前列的主要实物商品为服装、家居家装、家用电器、手机数码、食品酒水、母婴等。

我国的商品不仅在国内市场销售,近几年来更已成功走向国际市场。国外的买家最爱的品类是3C数码、服装服饰、母婴用品、时尚美妆、家居园艺、户外用品等。在"一带一路"沿线国家中,最爱买衣服和化妆品的前五个国家分别是俄罗斯、乌克兰、波兰、白俄罗斯、以色列;最爱买家具类商品的国家是新加坡、以色列和俄罗斯;最爱购买3D打印机、无人机、VR眼镜等电子产品的国家是俄罗斯、土耳其、以色列。

我国内贸电商和跨境电商的交易商品主要门类参考下图1.3。

图1.3　阿里巴巴集团1688平台、天猫平台、速卖通平台首页交易商品的主要门类

1.4.3 我国电子商务发展的优势分析

1. 政策支持

2015年5月7日,国务院印发了《关于大力发展电子商务加快培育经济发展新动力的意见》,文件中指出,近年来我国电子商务发展迅猛,不仅创造了新的消费需求,引发了新的投资热潮,开辟了就业增收新渠道,为大众创业、万众创新提供了新空间,而且电子商务正加速与制造业融合,推动服务业转型升级,催生新兴业态,成为提供公共产品、公共服务的新力量,成为经济发展新的原动力。近年来,政府不断加大"供给侧改革"力度,旨在通过"互联网+"来实现传统企业转型升级。2017年上半年,我国电子商务发展仍保持较快增长。政策继续加持,体系已较为完备。随着中国经济转型发展正跨入"消费升级"全新时代,国内新零售风行,电商巨头向传统零售行业大举扩张,试图以打通线上线下渠道、整合用户数据的方式,给传统零售注入活力。

在跨境电商方面,2015年6月20日,国务院下发《关于促进跨境电子商务健康快速发展的指导意见》,强调通过"互联网+外贸"发挥我国制造业大国优势,实现优进优出,促进企业和外贸转型升级。跨境电子商务的发展不仅可以推动开放型经济的转型升级,打造新的经济增长点,而且对于消费者来说也提供了更多选择,是"一箭多雕"之举。2015年9月24日,国务院总理李克强视察河南保税物流中心,参观了中国对俄电商物流第一品牌俄速通,李克强强调国家在税收等方面给跨境电商提供了很多优惠政策,并激励俄速通人在国家"一带一路"政策的指引下,在"互联网+"模式的驱动下,将俄速通打造成为对俄跨境电商全供应链服务第一品牌,这无疑为跨境电商企业的发展注入了强心剂。

2016年1月,国务院下发《关于同意在天津等12个城市设立跨境电子商务综合试验区的批复》,同意在天津市、上海市、重庆市、合肥市、郑州市、广州市、成都市、大连市、宁波市、青岛市、深圳市、苏州市设立跨境电子商务综合试验区,跨境电子商务综合试验区的设立将进一步推动我国跨境电商的快速发展。未来有望将有更多有利于出口跨境电商的政策出台,出口电商将继续其快速发展的势头。

2. 货源优势

至2013年时,中国已然成为全球最大的电子商务市场,也是世界第三大的跨境网购市场,宣布着中国正在由"世界工厂"向"世界商店"转变。中国有着优质的货源基地,尤其是服装、箱包、鞋、玩具、小工艺品、3C产品等,这些产品虽然品牌知名度不高,但是拥有自主的知识产权,产品质量好,无论为内贸电商的卖家还是跨境电商的卖家都提供了丰富而优质的货源。

货源整体上可以归为线上和线下两种渠道。在线下货源中,国内最有代表性的就是浙江义乌。义乌是我国小商品的生产地和集散地,义乌市场一直是国内淘宝卖家的采货基地。目前,基于丰富的货源优势,义乌正在建设全球最大的电子商务之城,占地44.4万平方米,地上建筑面积约为110.8万平方米,地下建筑面积约为49.1万平方米,欲打造成为全球电子商务平台企业、电子商务企业及电子商务产业链上下游服务企业的集聚地,为实现专业化网络分工提供条件,由此形成的专业化经济、分工经济、规模经济、多样化经济及协同化经济对跨境电子商务的发展和演进发挥了无可替代的作用。除了义乌之外,全国各地尤其是比较发达的省级行政区、直辖市、沿海地区和经济特区等地都有各具规模和各具特色的商品批发市场,比如温州的鞋业批发市场、广州的箱包批发市场以及杭州的婚纱批发市场等都是全国著名的商品批发基地。以省会城市哈尔滨为例,义乌中国小商品城东北市场坐落在在哈尔滨市呼兰区,是综合类小商品的批发市场;哈尔滨哈西服装城是服装(布艺类)的大型批发市场;哈尔滨南极国际食品交易中心是食品类批发市场;哈尔滨船舶电子大世界是数码电子类产品批发市场;省书刊批发市场是图书音像类商品市场;哈尔滨透笼国际商品城是包具百货类批发市场;哈尔滨大发综合批发交易市场是家居建材类商品批发市场。诸多品类的商品批发交易市场不胜枚举,线下货源极其丰富。

在线上货源中,中国有全球最大的电商企业阿里巴巴集团,该集团旗下的子公司1688货源网以批发和采购业务为核心,通过专业化运营,完善客户体验,全面优化企业电子商务的业务模式。目前已覆盖原材料、工业品、服装服饰、家居百货、小商品等16个行业大类,提供从原料采购—生产加工—现货批发等一系列的供应服务。不仅为淘宝卖家提供专属货源,还有专为微商供货的货源,同时还可为跨境出口提供一站式货源服务。

3. 市场优势

在国内市场方面,2017年8月4日,中国互联网络信息中心(CNNIC)在京发布第40次《中国互联网络发展状况统计报告》(本段以下简称为《报告》)。根据《报告》中的各项统计指标,截至2017年6月,我国网民规模达到7.51亿,手机网民规模达7.24亿,较2016年底增加2 830万,并且个人手机上网比例持续提升。2017年上半年中国网购用户达到了5.16亿人,较2016上半年的4.8亿人,同比增长了7.5%。

2017年以来中国网络零售行业业态百花齐放,众零售业巨头不断加码注资,进军无人零售、生鲜电商、社交电商、精品电商等新兴热门行业。由于"618"电商狂欢节的突出表现,网络零售交易规模仍旧保持高速增长。随着下半年各大电商"818""双11""黑五""双12"等促销大节的火热进行,预计2017年中国网络购物用户规模将达到5.4亿人。以"双11"数据为例,这个由中国电商制造出来的网络购物狂欢节早已演变成了一场全球商业盛宴。2017年11月12日0点0分,2017天猫"双11"全球狂欢节的成交额在数据大屏定格:1 682亿元,全球消费者通过支付宝完成的支付总笔数达到14.8亿笔,比去年增长41%。其中阿里巴巴旗下全球速卖通(国际版淘宝,面向海外网购群体)从北京时间11日下午4时开始,仅过了3小时50分,该平台的支付订单数突破1 000万单。在科技和大数据驱动下,"双11"购物节这一中国现象已引发全球共振。

在国际市场方面,作为世界工厂,中国生产了丰富的商品,电商平台是连接世界贸易的重要方式之一。许多国家的消费者可以在速卖通上享受和中国消费者一样丰富的商品。电商与普通互联网公司不一样,其所含"商"字便与中国制造息息相关。跨境电子商务的出口市场主要为美国和欧洲市场,近几年巴西、阿根廷、俄罗斯以及东南亚地区等国家市场比较活跃。以速卖通平台为例,目前,速卖通平台出口的主要市场为俄罗斯、美国和巴西,与其他出口平台相比,其最大的优势是价格低,随着速卖通知名度的提升,出口市场越来越多。2013年PayPal公司对美国、英国、德国、澳大利亚和巴西这五个跨境电子商务市场国家消费者进行了抽样调查,调查发现这五个世界上主要的跨境电子商务市场在2013年对中国商品有超过600亿美元的网购需求,并且需求还在不断增长,预计到2018年年末,这五个国家对中国商品的网购需求将超过1 400亿美元。在这庞大的数字背后是世界各国对中国产品的巨大需求。目前,中国已经成为全世界最大的电子商务市场,并且中国跨境网购的规模也逐年增加。

4. 基础设施建设优势

中国经济的快速发展推动了基础设施的完善和升级,高铁、现代化的桥梁都是中国经济快速发展的产物。中国基础设施占经济的比重比西方国家要高,中国的基础设施占经济的比重大约为9%,而美国和欧洲国家的这一比重大约仅为2.5%。

在"一带一路"背景下,中国开展亚洲公路网、泛亚铁路网规划和建设,与东北亚、中亚、南亚及东南亚国家开通公路通路13条,铁路8条。此外,油气管道、跨界桥梁、输电线路、光缆传输系统等基础设施建设取得成果。目前,"龙江丝路带"建设规划内容已纳入国家"一带一路"战略规划中的中蒙俄经济走廊部分,以铁路货运班列为主的跨境物流大通道初步形成。2016年11月,中国经营的巴基斯坦南部的瓜达尔港正式投入使用,2016年11月12日,由60多辆货车组成的中巴经济走廊联合贸易车队经过15天的行程,跨越3115千米,从中国新疆的喀什市穿过巴基斯坦全境到达瓜达尔港,这批货物在瓜达尔港装船后出口至包括中东和非洲在内的海外市场,这条通道的开通使货物由内陆运往中东和非洲市场与以往海运相比缩短了85%的运输里程。这些基础设施的建设,将有助于我国跨境电商产品的出口运输,解决跨境物流的瓶颈问题。

以中国最大的小商品集散地义乌为例,"一带一路"的国家战略为义乌开拓国际市场也创造了大好机遇。2017年伊始,满载各类货物的X8024/X8065次中欧班列(义乌至伦敦)从义乌西站始发首次驶往英国伦敦。这是继开通至中亚五国、马德里、德黑兰、俄罗斯、阿富汗、白俄罗斯、里加等线路后,从义乌始发的第8条铁路国际联运线路。从两年多前中欧班列(义乌至马德里)开通以来,义乌小商品走向海外便驶上了快车道。截至2016年12月底,中欧班列(义乌)往返已超过100列,义乌海关累计监管铁路国际联运集装箱9 990标箱,比上年增长91%。

1.4.4 我国电子商务发展的问题分析

1. 网络售假问题严重

2017年8月21日,中国电子商务研究中心发布了《2017年(上)中国电子商务用户体验与投诉监测报告》(本段以下简称《报告》),《报告》显示,上半年电商投诉增长率达35.56%,创历史新高。据中国电子商务投诉与维权公共服务平台大数据显示,2017年上半年通过在线递交、电话、邮件、微信、微博等多种投诉渠道受理的全国网络消费用户投诉案件数同比2016年上半年增长35.56%。其中,零售电商投诉占比76.24%(网络购物61.82%、跨境进口电商13.34%、微商1.08%),成为消费投诉"重灾区",投诉占比创新高,网络售假情况并未好转,相比去年同期的5.92%上涨39.02%。早在2015年初,工商总局网监司委托中消协开展的监测以淘宝网、天猫、1号店、中关村电子商城、聚美优品等平台为重点监测目标,以电子产品、儿童用品、汽车配件、服装、化妆品和农资等为重点监测种类,以高知名度商标、涉外商标等为重点取样商品品牌。从各行业的监测结果来看,化肥农资正品率最低,仅为20%;手机行业正品率也只有28.57%,售卖假货、翻新产品、山寨产品等伪劣产品现象比较严重,购买的5部小米手机只有两部是正品,两部三星手机全是非正品,其中在淘宝购买的4部手机全是假冒伪劣或翻新产品;其他儿童玩具、润滑油、服装、化妆品的网购均有假冒伪劣现象,但正品率均高于60%,其中服装和化妆品行业正品率同为66.67%。关注网络零售市场的发展历史可以了解到,在网络上售卖假货的行为基本上是伴随着网络交易平台的诞生而出现的,在网络交易量大增的今天其影响更为广泛。"网购""网淘",电子商务现在成为一个新兴业态,其流动性、跨界性、虚拟性的特点,对消费者来说确实很便利,但有些不法分子也利用这些特点,有欺诈消费者或者"谋取不义之财"的现象。

2. 网购商品质量堪忧

2016年10月8日,国家工商总局公布了网络交易商品质量专项抽检结果。此次抽检总共提供有效送检样品497批次,检测发现172批次商品质量不合格,总体不合格商品检出率为34.6%。网购商品之所以不合格率占到了三分之一以上:一个原因是网购价格低,商家为了控制成本;还有一个原因是网购不像商场现货那样,顾客发现问题后容易举报。另外,工商、质检部门平时很少对网购商品进行抽查,更不主动到生产地去检查,网店商品的生产者和销售者都存在侥幸心理。因此,随着网购深入到千家万户,作为工商、质检部门应该将严把网购产品的质量作为重中之重,不仅要抽查、抽检,更应该对查到问题的产品进行重罚,并通过媒体等对其进行曝光。对于销售不合格产品的电商,可以通过建立和完善诚信体系,将不良记录计入诚信系统。通过一系列措施,使生产者不敢生产伪劣商品,使销售者不敢销售伪劣商品,从而维护网购的正常秩序,给消费者一个放心的消费空间。

网络商品交易虽然和商场直接交易不同,但这类商品和其他商品一样,必须货真价实,质量必须要合格,不能侵犯消费者的利益。网购商品质量问题严重,关键是工商和质检等部门监管不到位。对于消费者来说,产品质量好不好,由于缺乏专业水平,很难判断。加上网购时只能看图片,不能看到实物,"成分含量实不实"等就更难搞清楚。特别是电器、服饰的消费基础大,专业性强,质量好坏、纤维含量、缝合强度、pH值等指标普通买家是无法从外观上、肉眼上得出结论的。而工商、质检部门有专业的仪器和专门的技术,通过抽检可以发现常人用肉眼看不出来的产品质量问题。所以工商、质检部门必须为网购商品质量把关,这是其职责所在。

3.电商平台管理混乱

当前,国内的京东、亚马逊、当当等主要电商平台都采取"自营+第三方"的经营模式,即除了销售进货渠道较为正规、售后服务更有保障的自营商品外,还引入了不少第三方卖家进驻自身平台销售商品。电商平台对第三方卖家负有监督和管理的责任,如果对他们没有严格规范、疏忽管理,常常会引发各种各样的问题。

第一,虚假宣传时有发生。有些电商平台的第三方卖家为了能够在激烈的网络市场竞争中脱颖而出,往往采取虚假宣传的手段误导消费者。如不少第三方卖家为吸引消费者网购,经常宣称所谓的"最低价""最便宜"或"最划算",并打着"限时促销"的幌子欺骗消费者,而实际上大都采用"先大幅涨价,再打超低折扣"的伎俩,让消费者"明得实惠暗吃亏"。又如一些第三方平台用"限时拍卖""秒杀"等方式吸引消费者眼球,而消费者"秒杀"到的商品却常常被通知没有货或以超卖为由被取消订单,商家涉嫌虚假营销。

第二,售后服务缩水。一些第三方卖家的售后服务形同虚设,消费者购买的商品出现质量问题根本无法联系到商家解决,而网购"7天无理由退货"等规定也形同虚设。另外,不少第三方平台购物不开具发票也已成为"行规",有消费者在京东和1号商城的同一家第三方商户处购买了火龙果,该商户明确表明"发票会在购物后的15个工作日内寄出",而近一个半月过去后,消费者依旧没有收到发票,商户的"在线客服"也一直处于离线状态,无法取得联系。

4.物流发展滞后问题

国内物流业已经逐渐进入高速发展,但在跨境物流方面还存在滞后的问题。因为跨境电子商务不同于传统外贸,运输的货物数量少、体积小,通关麻烦,走海运的运输时间长,走空运的运费昂贵。电商企业为尽快收回资金、提高信誉,只能压缩利润空间选择空运。目前,比较经常使用的物流系统为中国邮政物流,EMS、ePacket、中国邮政挂号小包、中国邮政平常小包+新加坡邮政小包,商业快递主要是DHL。商业快递运货速度比较快,一般七天左右到达,但是费用高,以双肩包运到欧洲为例,运费会高达五六十美元,比商品本身价格要高。中国邮政挂号小包等运输时间比较长,一般为一个月左右,运输距离远的可能达到两个月,费用以双肩包为例,大约为十美元。这些问题的存在成为跨境电子商务发展亟待解决的问题。

跨境物流在长距离运输的同时,还要分别经过出口地和进口地的海关,海关货物查验的效率与结果直接关系着跨境物流的到达时间。目前我国海关在通关监管与放行方面做出了很大的努力,要求海关对跨境电商出口服务实行全年365天在线服务,并规定货物到达海关监管区域后24小时之内通关。即现阶段的通关障碍绝大多数在于目的地。据调查,目的地的通关壁垒确实是造成跨境物流时效性不稳定的一个原因,比如巴西海关几乎对包裹进行挨票查验,对商业发票、报检单据等资料的查验十分具体。一旦海关拒绝商品进入关境,势必给跨境物流的运输带来延迟效应,更甚者给出直接没收或货物退回的结果,就会给跨境电商企业原本小额的跨境交易带来更大的损失。

5. 跨境电商专业人才严重缺乏

跨境电商专业人才的缺乏成为掣肘跨境电商发展的重要因素之一。跨境电商相比国内电商,其物流、支付体系更加复杂,而这些问题往往会给中小外贸企业发展跨境电商带来诸多风险。中小外贸企业由于受自身规模、资金实力、管理水平等条件的限制,很难引进高技术的电商人才,高级电商人才的匮乏成为跨境电商发展的瓶颈。跨境电商在人才的引进方面亟须进一步加强。随着跨境电子商务的发展,跨境电商的整个产业链上需要各种各样的人才,这些人才涵盖国贸、外语、物流管理、金融等专业。而既具有专业知识技能又拥有创新思维的复合型人才在我国相对稀缺。首先,跨境电子商务所需要的人才要熟悉产品的国际市场,同时要具备使用外语进行良好沟通的能力,而小语种地区发展跨境电子商务的潜力较大,小语种的相关人才也较为稀缺;其次,跨境电子商务要求从业人员较全面地了解当地消费者的生活方式、消费习惯,并且需要具备国际贸易、跨境物流的常识和各国相关的法律政策;最后,跨境电商人才不仅要精通语言,更要学会并善于数据分析,熟练掌握各个交易平台的交易规则,会全店铺布局,能够熟练使用电脑操作Photoshop,掌握运费的设置,等等。根据一些培训机构反馈的信息显示,培训过的成手会立马被聘用成为跨境电商操盘手,未来跨境电商的人才缺口可想而知。国内跨境电商人才的稀缺,大部分原因是专业培训机构起步晚于市场的需求,数量不多且体制不够成熟,专门培养跨境电商人才的院校和专业不多,导致人才输出滞后于企业所需。

实验项目 2
Chapter 2

电子商务平台介绍

实验目的:初步认识内贸电商和跨境电商的主要平台。
实验任务:浏览内贸电商和跨境电商主要平台的官网。

2.1 内贸电商平台

2.1.1 B2B 模式平台

该模式通常称为中立的第三方交易平台模式,是指由买卖双方之外的第三方投资建立的网上交易网站。这类网站本身并不提供任何交易的商品,而是为买家和卖家提供贸易平台。由于这类网站往往集中了大量的采购商和供应商,构建了包括众多卖主的店面在内的企业广场和拍卖场,因此交易非常活跃。B2B 模式平台的典型代表是阿里巴巴 1688 平台和慧聪网。

1. 阿里巴巴 1688 平台

阿里巴巴 1688 平台(www.1688.com),之前称为阿里巴巴中国交易市场,首页如图 2.1 所示,创立于 1999 年,是中国领先的网上批发平台,汇聚了覆盖普通商品、服装、电子产品、原材料、工业部件、农产品和化工产品等多个行业的买家和卖家。1688 为在阿里巴巴集团旗下零售平台经营业务的商家,提供了从本地批发商采购产品的渠道。

阿里巴巴 1688 平台的主打产品"诚信通"是阿里巴巴于 2002 年 3 月 10 日推出的内贸会员制产品。其服务目的是为企业进行搜索优化、生意参谋等智能的电子商务服务;它采取会员制,会员企业每年缴纳固定金额的年费,享受如下服务:基于阿里巴巴网上大市场,提供建站、优先展示、独享买家信息等基础型网络贸易服务;为企业建立诚信档案、提供信用查询及诚信保障等服务;为企业提供采购、物流、贷款等尊享服务。

实验项目2　电子商务平台介绍

图2.1　阿里巴巴1688平台首页

2. 慧聪网

慧聪网(HK02280)成立于1992年,是国内领先的内贸B2B电子商务运营商之一。慧聪网注册企业用户已超过2 300万,买家资源达到1 500万,覆盖行业50余个,员工过万名。慧聪网隶属于北京慧聪国际资讯有限公司,已是一家集团公司(以下简称慧聪集团)。慧聪集团目前包括电子商务公司;电子、汽车、工程机械在内的10余家行业MBO公司;中关村在线、买化塑、兆信股份、中国服装网、慧嘉互动、慧聪家电网、神州数码慧聪小贷公司等控股及合资公司;中模国际、优蚂科技、皮皮易等10余家投资公司。

慧聪集团在巩固B2B 1.0业务(信息＋广告)的同时,全力向B2B 2.0(交易＋金融)转型。近几年,不断推出慧付宝、采购通、标王、流量宝、商营通等服务;金融超市、小额贷款等金融服务,切实为中小企业降低交易成本,提高交易效率,成为未来产业互联网发展的探索者。公司凭借专业的信息服务与先进的互联网技术,为中小型企业搭建可靠的供需平台,提供全面的商务解决方案。经过不懈努力与发展,该集团的业务范围已经拓展至全国上百城市,在12个城市拥有分公司,服务团队成员约2 800人。

凭借在各行业市场积累的专业经验和技能,慧聪集团不仅以采用互联网技术为基础的产品买卖通及关键词搜索为中小企提供全面的营销解决方案,还通过该集团传统的营销产品——线下活动及《慧聪商情广告》与《中国信息大全》为客户提供多渠道的、在线与线下相互配合的全方位服务。慧聪集团透过其强大的媒体资源及客户基础,成功举办涉及约50个行业界别的行业品牌盛宴,助中小企业树立品牌和促进业务交易。这种优势互补、纵横立体的架构,使该集团在中国 B2B 行业的快速发展下,打造出一条独特的发展道路。

在过去的几年里,慧聪集团坚定地执行专业、专注的策略,为传统行业客户提供专业、全方位的营销解决方案。同时,慧聪集团亦积极拓展高增值服务领域的快速消费品市场。集团根据目标市场性质的差异,开发了两种分别适用于关系型客户与交易型客户的独特业务模式,配合该集团的直销、代理商销售及电话销售团队,为关系型客户提供一对一、深入及专业的解决方案;为交易型客户提供高效、易用及标准的解决方案与业务平台。透过提供此等服务,满足集团不同客户的需求。

慧聪集团承诺会以专业和创新的服务与产品来迎合市场和用户的需求,促成交易达成。集团一直致力于客户体验与服务质量。在过去的几年内,该集团的业务更加专注、产品组合更加简明、业务模式更加切合市场需求。

慧聪网的主打产品买卖通是为企业用户提供在网上做生意、结交商友的诚信平台,帮助中小企业获得多重商机,取得生意上的成功。

慧聪网的买卖通会员具有八大优势,是会员的八大专属权益,可以帮助中小企业实现建站速度更快的目标。

2.1.2 B2C 模式平台

B2C 模式平台的典型代表是天猫、京东商城、当当网等网络零售商,当然这些企业自身也充当了网络零售商。

1. 天猫

天猫(英文 Tmall,亦称淘宝商城、天猫商城),是中国最大的企业对消费者购物网站,由淘宝网分离而成,多为知名品牌的直营旗舰店和授权专卖店组成,现为阿里巴巴集团的子公司之一。天猫同时支持淘宝的各项服务,如支付宝、集分宝支付,等等。

2012 年 3 月 29 日天猫发布全新 Logo 形象。2012 年 11 月 11 日,天猫借光棍节大赚一笔,宣称 13 小时卖 100 亿元,创世界纪录。天猫是淘宝网全新打造的 B2C 平台(商业零售)。其整合数千家品牌商、生产商,为商家和消费者之间提供一站式解决方案。提供 100% 品质保证的商品,7 天无理由退货的售后服务,以及购物积分返现等优质服务。2014 年 2 月 19 日,阿里集团宣布天猫国际正式上线,为国内消费者直供海外原装进口商品。迄今为止,天猫已经拥有 4 亿多买家,5 万多家商户,7 万多个品牌。2015 年天猫"双 11"全球狂欢节交易额为 912.17 亿元。2016 年 11 月 11 日天猫"双 11"再刷全球最大购物日记录,单日交易 1 207 亿元。2017 年天猫"双 11"全球狂欢节交易额在 7 小时 22 分 54 秒达 912 亿元,超过 2015 年"双 11"全天。

天猫的商品数目在近几年内有了明显的增加,从汽车、电脑到服饰、家居用品、家装建材,分类齐全,还设置网络游戏装备交易区。更有百余家的 B2C 独立网站进驻天猫,包括中国图书零售第一位的当当网,当当网带入全部自营类目,包括80万种图书品类和30多万种百货品类入驻天猫,售价实现同步。天猫对入驻的商家,非常注重品牌的影响力和经营实力,以及入驻企业的资质。

2. 京东商城

京东商城于2004年成立,是中国最大的自营式电商企业,全称是北京京东世纪贸易有限公司,是一家集团公司(以下简称京东集团),京东创始人刘强东担任京东集团CEO,京东集团旗下设有京东商城、京东金融、拍拍网、京东智能、O2O及海外事业部。2014年5月,京东集团在美国纳斯达克证券交易所正式挂牌上市,是中国第一个成功赴美上市的大型综合电商平台。

2016年始,京东集团全面推进落实电商精准扶贫工作,通过品牌品质、自营直采、地方特产、众筹扶贫等模式,在832个国家级贫困县扩展合作商家超过6 000家,上线贫困地区商品超过300万个,实现扶贫农产品销售额超过200亿元。2016年,京东集团市场交易额达到9 392亿元。京东集团是中国收入规模最大的互联网企业。2017年7月,京东集团再次入榜《财富》全球500强,位列第261位,成为排名最高的中国互联网企业,在全球仅次于亚马逊和Alphabet,位列互联网企业第三。截至目前,京东集团拥有超过15万名正式员工,并间接拉动众包配送员、乡村推广员等就业人数近400万。依托强大的物流基础设施网络和供应链整合能力,京东集团大幅提升了行业运营效率,降低了社会成本。在品质电商的理念下,京东集团优化电商模式,精耕细作,反哺实体经济,进一步助力"供给侧改革"。京东以社会和环境为抓手整合内外资源,与政府、媒体和公益组织协同创新,为用户、为合作伙伴、为员工、为环境、为社会创造共享价值。

京东集团业务涉及电商、金融和物流三大板块。

主营的电商业务京东商城已成长为中国最大的自营式电商企业,保持了远快于行业平均增速的增长,依据目前的发展速度,2021年前将成为中国最大的B2C电商平台。京东商城致力于打造一站式综合购物平台,服务中国亿万家庭,3C、家电、消费品、服饰、家居家装、生鲜和新通路(B2B)全品类领航发力,满足消费者多元化需求。

在传统优势品类上,京东商城已成为中国最大的手机、数码、电脑零售商,超过其他任何一家平台线上线下的销售总和。京东商城已成为中国线上线下最大的家电零售商,占据国内家电网购市场份额的62%。京东超市已成为线上线下第一超市,未来一年将助力500个快消品牌实现销售额过亿。近三年京东商城服饰销售额年均增长率超过100%,增速是行业平均增速的2倍以上。京东商城家居家装是中国品质家居生活首选平台,合作商家突破33 000家,计划五年内成为国内线上线下最大的家居家装零售渠道。2016年京东商城积极布局生鲜业务,致力于成为中国消费者安全放心的品质生鲜首选电商平台,目前已在300余个城市实现自营生鲜产品次日达。新通路重释渠道价值,为全国中小门店提供正品行货;为品牌商打造透明、可控、高效的新通路,未来五年将打造百万家线下智慧门店——京东便利店。

京东金融集团,于2013年10月开始独立运营,定位为金融科技公司。京东金融依托京东生态平台积累的交易记录数据和信用体系,向社会各阶层提供融资贷款、理财、支付、众筹等各类金融服务。京东金融现已建立十大业务板块,分别是供应链金融、消费金融、众筹、财富管理、支付、保险、证券、金融科技、农村金融、海外事业。京东金融App,为用户提供了"一站式金融生活移动平台",涵盖了目前理财加消费的金融产品。2017年6月,京东金融重组完成交割。

京东集团于2017年4月25日正式成立京东物流子集团,以更好地向全社会输出京东物流的专业能力,帮助产业链上下游的合作伙伴降低供应链成本、提升流通效率,共同打造极致的客户体验。目前,京东是全球唯一拥有中小件、大件、冷链、B2B、跨境和众包(达达)六大物流网络的企业,凭借这六张大网在全球范围内的覆盖以及大数据、云计算、智能设备的引入应用,京东物流将打造一个从产品销量分析预测,到入库出库,再到运输配送各个环节无所不包、综合效率最优、算法最科学的智慧供应链服务系统。截至目前,京东物流在全国范围内拥有超过500个大型仓库,运营了13个大型智能化物流中心"亚洲一号",大件和中小件物流网络实现大陆行政区县100%覆盖,自营配送覆盖了全国99%的人口,将商品流通成本降低了70%,物流的运营效率提升了2倍以上。另外,京东物流还通过一系列技术创新,研发并推广创新环保材料,全方位打造了"时效、环保、创新、智能"的绿色物流体系。

3. 当当网

当当网(www.dangdang.com)是全球最大的中文网上书城,也是全球知名的综合性网上购物商城,由国内著名出版机构科文公司、美国老虎基金、美国IDG集团、卢森堡剑桥集团、亚洲创业投资基金(原名软银中国创业基金)共同投资成立。

从1999年11月当当网(www.dangdang.com)正式开通至今,当当网已从早期的网上卖书拓展到网上卖各品类百货,包括图书音像、美妆、家居、母婴、服装和3C数码等几十个大类,其中在库图书、音像商品超过80万种,百货50余万种;目前当当网的注册用户遍及全国32个省、市、自治区和直辖市,每天有450万独立UV(用户访问),每天要发出20多万个包裹;物流方面,当当网在全国11个城市设有21个仓库,共37万多平方米,并在21个城市提供当日达服务,在158个城市提供次日达服务,在11个城市提供夜间递服务。

当当网于美国时间2010年12月8日在纽约证券交易所正式挂牌上市,成为中国第一家完全基于线上业务、在美国上市的B2C网上商城。自路演阶段,当当网就以广阔的发展前景而受到大批基金和股票投资人的追捧,上市当天股价即上涨86%,并以103倍的高PE(市盈率)和3亿1 300万美金的IPO(首次公开募股)融资额,连创中国公司境外上市市盈率和亚太区2010年高科技公司融资额度两项历史新高。

除图书以外,母婴、美妆、服装、家居家纺是当当网着力发展的四大目标品类,其中当当婴童已经是中国最大线上商店,美妆则是中国排名前五的线上商店。当当网还在大力发展自有品牌——当当优品。在业态从网上百货商场拓展到网上购物中心的同时,当当网也在大力开放平台,目前当当网平台商店数量已超过几万家,同时当当网还积极地走出去,在腾讯、天猫等平台开设旗舰店。

2.1.3　C2C 模式平台

C2C 模式平台的典型代表是淘宝网,官网是 http://www.taobao.com/。淘宝网是亚太地区较大的网络零售商圈,由阿里巴巴集团在 2003 年 5 月创立。淘宝网是中国深受欢迎的网购零售平台,拥有 5 亿多的注册用户数,每天有超过 6 000 万的固定访客,同时每天的在线商品数已经超过了 8 亿件,平均每分钟售出 4.8 万件商品。

随着淘宝网规模的扩大和用户数量的增加,淘宝也从单一的 C2C 网络集市变成了包括 C2C、团购、分销、拍卖等多种电子商务模式在内的综合性零售商圈。目前已经成为世界范围的电子商务交易平台之一。淘宝网致力于推动"货真价实、物美价廉、按需定制"网货的普及,帮助更多的消费者享用海量且丰富的网货,获得更高的生活品质;通过提供网络销售平台等基础性服务,帮助更多的企业开拓市场、建立品牌,实现产业升级;帮助更多胸怀梦想的人通过网络实现创业、就业。新商业文明下的淘宝网,正走在创造 1 000 万就业岗位这下一个目标的路上。

淘宝网不仅是中国深受欢迎的网络零售平台,也是中国的消费者交流社区和全球创意商品的集中地。淘宝网在很大程度上改变了传统的生产方式,也改变了人们的生活消费方式。不做冤大头、崇尚时尚和个性、开放擅于交流的心态以及理性的思维,成为淘宝网上崛起的"淘一代"的重要特征。淘宝网多样化的消费体验,让"淘一代"们乐在其中:团设计、玩定制、赶时髦、爱传统。

2.2　外贸电商平台

2.2.1　全球速卖通

全球速卖通(AliExpress)官网 http://www.aliexpress.com/ ,正式上线于 2010 年 4 月,是阿里巴巴旗下面向全球市场打造的在线交易平台,是阿里巴巴帮助中小企业接触终端批发零售商,小批量多批次快速销售,拓展利润空间而全力打造的融合订单、支付、物流于一体的外贸在线交易平台,被广大卖家称为"国际版淘宝"。全球速卖通面向海外买家,通过支付宝国际账户进行担保交易,并使用国际快递发货,是全球第三大英文在线购物网站。平台注重商品品牌,为品牌出海保驾护航。卖家在全球速卖通不同经营大类经营,需根据不同经营大类及下辖类目要求,缴纳技术服务年费,年费为 5 000 元到

30 000元不等,同时平台收取5%~8%的服务佣金。全球速卖通已经覆盖220多个国家和地区的买家;覆盖服装服饰、数码3C、家居、饰品等共30个一级行业类目;海外买家流量超过5 000万件/日。2015年"双11"期间,跨境出口共产生2 124万笔订单,全球每一百人就有一人浏览了全球速卖通,出口覆盖了214个国家和地区,"双11"期间最畅销的商品是数码3C、服饰、运动、箱包、母婴、家居、美妆、饰品、假发、汽车配件。

2.2.2　Amazon

Amazon(中文名为亚马逊),官网 http://www.amazon.com/,是美国最大的一家网络电子商务公司,也是网络上最早开始经营电子商务的公司之一。亚马逊成立于1995年,总部位于华盛顿州的西雅图,目前已成为全球商品品种最多的网上零售商,在公司名下,也包括了 AlexaInternet、a9、lab126 和互联网电影数据库(Internet Movie Database,IMDB)等子公司。在亚马逊平台,电商鼓励买家自助购买商品,平台中没有客服可以咨询,平台比较重视向买家展示商品,在买家搜索关键词时,列表里展示的多数为商品,而不是店铺。亚马逊不太重视各种收费广告,买家进入网站后看到的一般都是基于后台数据的关联推荐和排行推荐。而这些推荐的依据一般都是用户的购买记录以及买家的好评度和推荐度。所以,各位卖家可以增加选品种类,优化后台数据,采取措施引导买家留好评等。亚马逊比较重视客户的反馈,这里面包括两点,一个是商品的评论,还有就是客户对于商家提供的服务质量的评价等级。商家入驻亚马逊平台没有保证金,没有平台服务费,没有技术服务费,平台收取的只是成交单的提成,真正的是互利共赢。当然,对入驻商家的要求也比其他平台要高一些,这点还是可以理解的。

2.2.3　敦煌网

敦煌网(Dhgate),官网 http://seller.dhgate.com/,是国内首个为中小企业提供 B2B 网上交易的网站。它采取佣金制,免注册费,只在买卖双方交易成功后收取费用。据 PayPal 交易平台数据显示,敦煌网是在线外贸交易额中亚太排名第一、全球排名第六的电子商务网站。作为中小额 B2B 海外电子商务的创新者,敦煌网采用 EDM(电子邮件营销)的营销模式,低成本高效率地拓展海外市场,自建的 DHgate 平台,为海外用户提供了高质量的商品信息,用户可以自由订阅英文 EDM 商品信息,第一时间了解市场最新供应情况。2013年,敦煌网新推出的外贸开放平台实质上是一个外贸服务开放平台,而敦煌网此举应该是在试探外贸 B2B "中大额"交易。通过开放的服务拉拢中大型的制造企业,最终引导它们在线上交易。在敦煌网,买家可以根据卖家提供的信息来生成订单,可以选择直接批量采购,也可以选择先小量购买样品,再大量采购。这种线上小额批发一般使用快递发货,快递公司一般在一定金额范围内会代理报关。

2.2.4 E-BAY

E-BAY（中文名为电子湾、亿贝、易贝），官网 http://www.ebay.cn/，是一个可让全球民众上网买卖物品的线上拍卖及购物网站。E-BAY 于 1995 年 9 月 4 日由 Pierre Omidyar 以 Auctionweb 的名称创立于加利福尼亚州圣荷西。人们可以在 E-BAY 上通过网络出售商品。平台向每笔拍卖收取刊登费（费用从 0.25 至 800 元美金不等），向每笔已成交的拍卖再收取一笔成交费（成交价的 7%~13% 不等）。由于 E-BAY 另外拥有 PayPal，所以也从此处产生利益，E-BAY 和 PayPal 类似国内淘宝和支付宝，一个用于开店，一个用于付款。

2.2.5 WISH

WISH 官网 http://www.merchant.wish.com/，2011 年成立于美国旧金山硅谷，WISH 一直做的是移动端的购物平台。移动端最大的特点就是"随时随地随身"，进而带来碎片化需求。WISH 的创始人最初在推出这款 App 产品的时候，考虑到市面上缺少专注于产品展示和推荐的购物应用，因此推出 WISH 来帮助用户管理数据，希望能通过一种算法将消费者与想要购买的物品连接起来，力求达到无障碍连接用户和内容。WISH 每次只根据用户喜好推送少量产品，不影响用户的购物体验，这样对卖家和买家都是极有利的，因为买家在 WISH 平台购物的过程中，可以免受不必要的干扰，而只看到他们可能会购买的商品，直接而快速的购物体验让他们感觉更愉悦。对于卖家来说，WISH 推送的产品是买家最有可能购买的产品，这样无疑提高了他们产品的转化率，对于中小卖家来说，WISH 这种个性化的推送产品方式值得借鉴，取悦客户、满足客户购物体验的同时，最终也可能会鼓励销售。

模块二　内贸电商创业实践

实验项目 3

Chapter 3

货　　源

实验目的：了解货源类型和比较方法。

实验任务：走访线下货源市场,掌握1688货源网的组成模块以及进货方式。

好的开始是成功的一半。

成功的电商创业案例要从寻找到**好货源**开始。**货源**大致可以分为**线下**和**线上**两种。

"**货源**"一词从字面上来理解,就是指进货或货品的来源。如果用专业一点儿的语言解释就是**进货渠道**。俗话说:"男怕入错行,女怕嫁错郎。"这句话用到电子商务再恰当不过了。各行各业都有自己的**禁忌**,作为电子商务平台的卖家,最怕**找不到**好的货源,**选错**网销的商品。其中,进货**价格高**和产品**质量差**是形成日后电商运营困难局面的两个主要**死结**。

那么如何找到价廉质优的好货源呢?——比较是王道!!!

道理说起来容易,但做起来就要困难得多。**最难**的地方就在于,作为菜鸟,根本**不知道**怎样是价**高**,怎样是价**低**;哪个是质**优**,哪个是质**劣**。

举个"栗子":(如下图3.1所示)

通过百草味食品的天猫旗舰店销售的一款"板栗仁80g×3袋坚果零食特产栗子熟制甘栗仁即食干果"这个例子,让大家理解"比较"的重要性。作为吃货的你,面对包装一样的同厂家(百草味)的食品,在确认都是正品无假货的前提下,两件商品的口感却有可能大相径庭、南辕北辙,而且到手价格上也有不小的差距。不要以为你是资深吃货就能轻易分辨"栗子"的真伪,如果是没有专业知识储备的菜鸟电商卖家,不可能懂得区分同款商品产地与生产批号的关系。虽然同为百草味食品,但是产地却有可能是三种完全不同的名称。因此,口味和运费造成的差价就不难理解了。真是没有比较就没有伤害,你是不是瞬间感到遭受了3 000点的伤害。请不要急,马上给你"补血"。

图 3.1 百草味食品的天猫旗舰店货源图

3.1 线下货源

3.1.1 线下货源比较

一般来说采用**线下**方式作为主要**货源**的电商**卖家**,倾向于在批发商的实体店**进货**后网上销售。比如,哈尔滨利民大道 888 号的义乌城,学府路 53 号的服装城,道外区南极街 54 号的南极市场,南岗区南通大街 258 号的船舶电子市场,道外区滨江街 100 号的南极书城,道里区石头道街 58 号的透笼市场,道里区顾新街的大发市场,建设街鞋城等,这些地区是线下货源。

从线下选择货源对卖家而言主要的**优点**是货品库存数量真实**可控**,**发货速度**有保**证**,后期物流费用(**运费**)有议价空间(可降)。而且,线下货源是非常好的获得对畅销商品的感性认识来源,多走线下货源市场有助于电商卖家高效地选择欲销售的商品。

主要**缺点**是占用资金(**压货**),占用空间(**库存**),占用时间(**补货**)。

对于学生电商创业者来说,这三个缺点几乎是致命的伤害,但这不代表线下货源就应该完全被放弃。在以下三种情况,线下货源比线上货源有优势:

第一种,自己家有生产企业或与生产企业有特殊关系(不需要缴纳代理费),能够拿到产品**出厂价格**。如食品加工厂,皮具厂,等等。

第二种,**临近厂家**,且发货量大、物流费用(**运费**)**低廉**。

第三种,做区域性(**同城**)电子商务销售,把线下供货商视为中央仓储,提高发货速度,缓解运费压力。

下面以哈尔滨为例,给"童鞋"们,介绍几双"合脚"的线下货源批发市场。

3.1.2 线下货源分类

1.综合类

名称:义乌城(全称:义乌中国小商品城东北市场,如图3.2所示)

地址:利民大道888号

公交:551路;552路;553路;呼兰108路;呼兰9路(义乌城站)

图3.2 义乌中国小商品城中门

义乌中国小商品城东北市场一期规划占地面积117万平方米,总建筑面积约330万平方米,总投资120亿元人民币。义乌中国小商品城东北市场的建成,对于呼兰区、哈尔滨市乃至东北三省的经济发展都将产生重大而深远的影响。将成为东三省规模最大、业态最全、配套最好的小商品专业批发市场。义乌中国小商品城东北市场目前批发针纺织品、饰品、工艺品、箱包皮具、玩具、家居服饰、小家电、白色家电、黑色家电、日用百货等。

2. 服装(布艺)类

名称:服装城(全称:哈尔滨哈西服装城,如图3.3所示)

地址:学府路53号(近哈尔滨理工大学)

公交:11路;31路;67路;68路;83路;83路区间;87路;94路;98路;98路区间;104路;106路;114路;128路;203路;209路;209路大站快;209路区间;336路;343路;363路;机场大巴2号线;夜3路;雨润大市场道外客运站班车;雨润定制2路(服装城站)

图3.3 哈西服装城一楼入口

服装城始建于2000年,商场共有4层,建筑面积2.5万平方米,由6部自动扶梯及货梯构成了便捷的交通系统。为及时采集信息,服装城还设有自己的网站,以先进的计算机网络系统提供优质高效的服务。在经营中全方位提高服务品质,努力在消费者心中树立真诚、高效的公共形象。在激烈的商场竞争中,服装城努力扩大经营,创新发展,相应调整了原有的经营内容,除了服装、鞋帽、餐饮、娱乐、酒吧,还引进了宝丰药品超市及全国知名的家具、床品、布艺厂家(如图3.4所示);针对服装业的激烈竞争现状,发动业户直接引进广州、石狮等经销商的货源,大大降低了业户的成本费用开支,从而极大地提高了业户的经济效益。未来的服装城力求在东北地区成为集商品批发、零售为一体的大型龙头商城,相信在不久的将来,服装城将会贡献给社会一个崭新的商业面貌。

图 3.4　哈西家具床品布艺大世界 标牌

3. 食品类

名称:南极(全称:南极国际食品交易中心)

地址:道外区南极街 54 号

公交:

方案一:3 路;5 路;7 路;10 路;26 路;36 路;56 路;60 路;61 路;65 路;72 路;73 路;87 路;97 路;106 路;130 路;132 路;145 路;雨润定制 2 路(南极街站)

方案二:7 路;23 路;36 路;56 路;66 路;66 路夜间区间车;91 路;97 路;106 路;113 路;116 路;132 路;136 路;201 路;雨润大市场道外客运站班车;雨润定制 2 路(南极市场站)

南极小食品批发市场位于道外区,兴起于 1985 年,以南极街为场,露天为市,形成第一代专业市场雏形。经过一段时间发展,为了便于管理,第二代大棚式市场应运而生。1992 年,哈尔滨大众肉联集团响应政府"退路进厅"号召,正式规划、运营以多种商品组合形式与多样化市场交易为主要特征的第三代专业市场。进入 21 世纪以来,现代商业促进了"南极"向国内第四代以商场式环境、科学化管理、完善服务为特征的专业主流市场发展。2006 年开始,"南极市场"更名为南极商贸城,经营方向由小摊位式向品牌化转变。2008 年 5 月,原南极小食品批发市场全部拆除,中国江苏雨润集团与哈尔滨大众肉联集团斥巨资在原址辟建南极国际食品交易中心,着手打造一个 43 万平方米的集商业、地产、物流于一体的"南极国际商贸城"商圈。南极国际商贸城是集批发、零售、采购、配送及配套物流服务功能于一体的大型展示交易中心,主要包括南极国际商贸城茶文化中心、冷冻食品中心及国际名优食品城三大部分(如图 3.5、图 3.6 所示)。

图3.5　国际名优食品城入口

图3.6　冷冻食品中心入口

4.数码电子类

名称:船舶电子(全称:船舶电子大世界,如图3.7所示)

地址:南岗区南通大街258号

公交:3路;6路;14路;33路;37路;46路;53路;55路;66路;66路夜间区间车;74路;104路;105路;夜2路(哈工程大学站)

图 3.7 船舶电子大世界正门入口

船舶电子大世界成立于 2003 年 1 月,是哈尔滨工程大学国家大学科技园旗下的专业 IT 产品卖场,它以哈尔滨工程大学为依托,立足哈尔滨,辐射全省,是黑龙江省最大规模的智能化 IT 产品卖场。船舶电子大世界总营业面积 8 万平方米,可容纳千余家企业入驻,是以计算机及外部设备、电子信息类产品、通信类产品、工业控制产品、仪器仪表、消耗材料、计算机软件等贸易为主要经营方向的电子、微电子产品集散地和科技产品交易中心。经过多年的努力与探索,船舶电子大世界凭借齐全的硬件设施、专业的技术指导和贴心的营销服务,赢得了广大消费者的一致好评。经过多年的努力与创新,船舶电子大世界其品牌价值高达 7.85 亿元,先后被 IT 业界权威部门评为"中国十大明星市场""北方区优秀市场""中华电子十大杰出卖场品牌""中华电子企业最有价值品牌""中国电子专业市场十大明星市场""东北电子卖场领袖品牌""中华 IT 营销创新示范品牌"等多项殊荣,成功地塑造了黑龙江省 IT 龙头卖场的形象,为龙江经济发展做出了卓越的贡献。

东区:4F 餐饮区 品牌售后服务区
　　　3F 电子元器件 工具 工控产品 显示屏
　　　2F 二手区 维修区 电脑耗材 软件
中区:4F 电脑散件 网络工程 监控设备 显示屏
　　　3F 电脑散件 网络工程 装机
　　　2F 装机 电脑散件 数码产品
　　　1F 笔记本电脑 品牌机 数码产品
西区:4F 市场事业部 会员服务中心 科技园创业中心
　　　3F 电脑散件 网络工程 装机
　　　2F 电脑耗材 软件 数码产品
　　　1F 数码产品 办公设备 通信设备

三期:4F 电脑散件 装机 监控设备 科技园网络中心 软件中心
　　　3F 电脑散件 装机 电脑外设产品
　　　2F 笔记本电脑 品牌机 电脑耗材 电脑散件
　　　1F 数码产品 办公设备 通信设备
　　　B1 电脑耗材 打印耗材 软件

5. 图书音像类

名称:南极书城(全称:省书刊批发市场,如图 3.8 所示),黑龙江红太阳书刊批发市场有限责任公司负责管理

地址:道外区滨江街 100 号(承德街口)

公交:

方案一:7 路;36 路;56 路;61 路;65 路;72 路;73 路;87 路;97 路;106 路;115 路;116 路;121 路;132 路;145 路(滨江站站)

方案二:3 路;5 路;7 路;10 路;26 路;36 路;56 路;60 路;61 路;65 路;72 路;73 路;87 路;97 路;106 路;130 路;132 路;145 路;雨润定制 2 路(南极街站)

图 3.8　南极书城入口(后身为哈尔滨滨江货运站)

南极书城内有图书音像发行批发企业 161 家,如 108 室黑龙江省华东阁图书发行有限公司,127 室黑龙江省慧润图书发行有限公司,230 室黑龙江省科文图书经销有限公司,226 室黑龙江省时光图书经销有限公司等。主要经营各类图书、音像制品。大部分书籍可以拿到 7.5 折及以下的价格。

6. 包具百货类

名称:透笼(全称:透笼国际商品城,如图 3.9 所示)

地址:道里区石头道街 58 号

公交:1 路;5 路;20 路;28 路;53 路;61 路;65 路;85 路;113 路;114 路;130 路;131

路;132 路;136 路;205 路;205 路通联新车支线(买卖街站)

图 3.9 透笼正门入口

透笼商圈是以透笼国际商品城为核心,是以批发小商品、针纺织品、饰品、工艺品、箱包皮具、玩具、家居服饰、小家电、日用百货等为主的商业综合体,其前身是具有 30 多年历史的、全国著名的哈尔滨透笼街市场。透笼国际商品城坐落于哈尔滨市道里区商业黄金宝地(南起透笼街,北至石头道街,东起买卖街,西至地段街),与哈尔滨著名的中央大街和相比邻的索菲亚广场构成一道靓丽的风景线。透笼商圈商场林立,北有金都大厦、群星玩具城;东有太阳箱包批发广场、振龙箱包皮具城;南有燕莎·奥特莱斯购物中心、联华超市;西有著名的索菲亚广场、曼哈顿商厦、金太阳商厦、国美黑天鹅家电商场、哈尔滨第一百货商店、麦凯乐国际购物广场。透笼国际商品城新增投资 9 亿元人民币,新增建筑面积 11 万平方米,设地下 2 层,地上 12 层,分两期工程建设,一期工程已于 2011 年正式投入使用。透笼国际商品城以展示交易为主体,集商贸、配送、旅游购物、餐饮娱乐为一体,以经营品牌服饰、针织纺品、礼品、工艺品、皮具、箱包、钟表、眼镜、珠宝饰品、水晶饰品、银饰品、玩具、家居、儿童用品等大类别为主,拥有 3 000 家品牌代理商,16 万平方米核心商城,上万个品牌代理,20 万款商品。成为辐射东北、内蒙古地区及日本、韩国等国家和俄罗斯远东地区的商业集散中心。以厂家直销和品牌代理经营为主,以商品批发为核心,采用现代化的交易手段,打造我国北方商业航母!

3.1.3 线下货源选择

线下货源选择的要诀:多走、多看、多问、多记。

线下货源市场为电商卖家带来最直观的商品销售感受,商品价位、质量、产地、种类、货源地等信息都可能影响今后的选品乃至店铺的运营。电商说到底是一种服务性行业,作为服务性行业,"勤"是必不可少的关键词。"腿勤""眼勤""嘴勤""手勤"才能领先别人一步。想成为电商达人,别的电商卖家如果货比三家,你要想做得更好就要货比五家,还不够就货比十家。以上各类货源市场只举了一个例子,其实每个类目还有许多备选项,比如数码3C类也可以去教化电子大世界、百脑汇电脑城、泰山电子城、金工电子大世界、学府电子城等;再比如家具建材类,也可以去红旗家具城、黎华家具城、新吉家具城、海富家具建材城、曼哈顿大商厦、禧龙陶瓷大市场等;服装城是服装、饰品、鞋帽的综合市场,因此像建设街鞋城、大新鞋城、哈尔滨鞋城、马克威鞋城就不再单独举例说明;因为电器类和医疗类的市场的准入门槛比较高,不适合大学生创业,因此道外电器城、医疗器械街本书未做介绍。

3.2 线上货源

3.2.1 线上货源比较

线下货源确实存在一些弊端,比如线下拿货方式进货虽然发货速度快,但是要么占用资金需要频繁补货,要么进货成本高,发货速度受制于人。电商卖家通过走访线下货源市场,对商品的类目特点有了比较直观的印象,为后期选品打下了扎实的基础。那么,线上货源市场又有哪些分类和优缺点呢?

一般来说采用**线上**方式作为主要**货源**的电商**卖家**,倾向于在阿里巴巴上**代销**。主要的**优点**是进货**价格低廉**,**操作简单**,**占用资金少**。主要**缺点**是**库存数量无法保证**,**发货时间无法保证**,**质量无法直接监控**。

电商线上货源主要有三种,分别为阿里巴巴1688货源网(门槛低)、天猫供销平台(门槛高)、第三方货源网(骗子多)。

3.2.2 线上货源分类

1. 1688货源网(http://www.1688.com/)

1688货源网是马云于1999年创办的,以批发和采购业务为核心,通过专业化运营,完善客户体验,全面优化企业电子商务的网站。目前该网站已覆盖原材料、工业品、服装服饰、家居百货、小商品等行业大类,提供原料采购、生产加工、现货批发等一系列的供应服务。1688货源网对于菜鸟电商卖家来说是最好的练兵场,准入门槛低,适合大学生电商创业。

(1)进入1688货源网的模式。

进入1688货源网的方式有三种:游客模式进入、淘宝卖家身份进入、热销货源平台进入。

三种进入方式就宛如一个市场的三个大门,虽然市场是同一个市场,但是分类、层次却各不相同。比如,新手采用游客模式进入1688货源网,虽然也能看到商品图文及商品销售价格,但是陈列商品质量良莠不齐,鱼龙混杂,很难分辨,而且也看不到最终的进货底价。再比如以淘宝店铺的卖家身份从"批发进货"入口进入,就能看到部分商品底价,有些商品的底价需要取得代理资格以后才能看到。阿里巴巴旗下热销货源平台则对1688货源网的货源进行了筛选和优化,仿佛在花花绿绿的商品上贴上了"老司机推荐"的标签,这对于新手买家来说是宝贵的参考意见。成功的案例总有相似之处,不成功的案例各自有各自的不同,无论哪一种方式,请保持一种心态——虚心学习。

（2）进入模式介绍。

第一种,游客模式进入（无须登录）。

在任意浏览器的地址栏中输入http://www.1688.com/,然后回车,进入1688货源网如图3.10所示。

图3.10 游客模式进入1688货源网

或者在百度搜索（或其他搜索引擎）的搜索栏中输入"1688",选择1688货源网官网字样的网址,点击进入1688货源网（图略）。

第二种,淘宝卖家身份进入。

从卖家中心"我订购的应用"导航栏的"货源中心"的"批发进货"进入https://tao.1688.com/,如图3.11和图3.12所示。

图 3.11 卖家中心入口

图 3.12 卖家身份进入 1688 货源网

第三种,在任意浏览器的地址栏中输入 https://www.1688.com/chanpin/-B0A2C0EFB0CDB0CDBBF5D4B4CDF8.html? spm = a261b.2187593.1998088708.2.pfaH-Ja,然后回车,进入阿里巴巴旗下热销货源平台,如图 3.13 所示。此网址较长,本书设置了二维码扫码进入方式,如图 3.14 所示。

实验项目3 货　　源

图 3.13　阿里巴巴旗下热销货源平台

图 3.14　扫描进入二维码

(3) 货源网组成模块。

①伙拼。

"伙拼"如图 3.15 所示,是 1688 推出的批发型团购频道。目前,伙拼产品的行业覆盖了服装、母婴、食品、美容、百货、家纺、家装、工业品等几乎全部的产品品类,让所有批发商以低成本、高效率进行网络批发。在伙拼的商品中**找低价**,可以发现**高利润**的备选商品。伙拼分为疯狂店促、伙拼进口、天天特卖、精彩预告、39.9 元封顶等类目,包括女装、童装、内衣、男装、鞋靴、箱包、配饰、百货、家纺、家装、美妆日化、食品、数码家电、母婴玩具、运动纺织、包装五金等产品品类。同时,网页版伙拼还支持搜索功能,而移动版的阿里巴巴 App 不支持伙拼搜索功能。

网页版的阿里巴巴有"伙拼"选项卡,在首页直接点击"伙拼"就可进入如图 3.16 所示的伙拼首页。

电商创业实操教程

图 3.15 选择伙拼

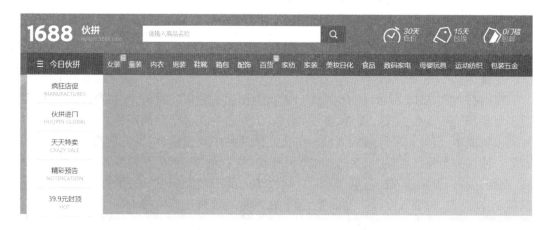

图 3.16 伙拼首页

如下图 3.17 所示,在天天特卖中,原价 2.6 元每包的"宏心达柔软抽纸整提装面巾纸婴儿家用纸巾卫生纸 b",伙拼价格只有 0.99 元,价格非常优惠,仅为 3.8 折,并且限时包邮,如图 3.18 伙拼商品详情所示。

实验项目 3　货　　源

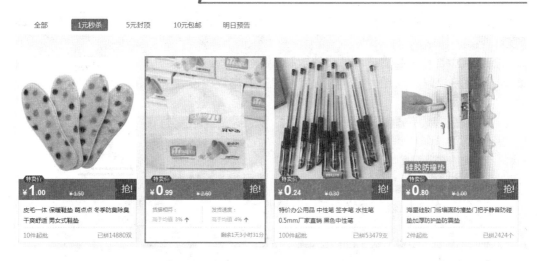

图 3.17　伙拼商品

图 3.18　伙拼商品详情

用手机进入伙拼的方式如图 3.19 所示。左侧为手机 1688 货源网首页伙拼选择的位置，右侧为手机伙拼首页。

②淘货源。

点击 1688 货源首页的"淘货源"，进入淘货源。"淘货源"是淘宝卖家专属的货源服务平台、专业的货源批发代发市场，在每日新品、档口好货、进口尖货、淘宝爆款等类目中将货源推荐给铺货，提供缺货必赔、15 天无理由退货等服务。**淘货源**是最好的淘宝货源风向标，通过查询淘货源的信息，卖家可以了解淘宝的**流行趋势**和**市场需求**，如图3.20所示。

淘货源中部分产品支持一件代发功能，建议创业者选择具有一件代发功能的商家及商品。如图3.21所示，图中是淘宝卖家在正常的淘货源搜索中看到的商品，具有一件代发标识。

图3.19 手机伙拼选择及手机伙拼首页

图3.20 淘货源

实验项目 3　货　　源

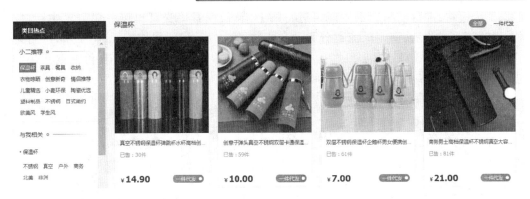

图 3.21　锁定商品

通常,以游客身份和淘宝卖家身份浏览同样一个淘货源商品的页面是有区别的,区别如图 3.22 和 3.23 所示。

图 3.22　批发价格

如果以游客身份浏览,显示的是阿里巴巴图 3.22,起批数量为两件,此时价格为 12 元/个。

图 3.23　分销价格

③淘工厂。

"淘工厂"主要是为电商提供服装代加工服务的模块。学校毕业季有很多班级需要购买定制的统一服装,淘工厂正好能满足这样的需求。在大学校园,每年毕业季和求职季都有大量的统一服装和定制服装购买需求,学生创业可以选择 1688 货源网平台提供的淘工厂模块,进行定制加工生产再进行网上销售,或者接受订单按订单需求生产、发货。如图 3.24 所示,淘工厂流程分为七个步骤:第一步,找到代加工厂;第二步,进行正式生产前的打样(确认工艺、款式、做工、面料);第三步,大货生产准备(支付首款);第四步,面料备齐;第五步,开始车缝;第六步,大货质检;第七步,工厂发货。

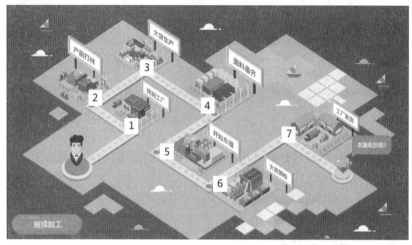

图 3.24　淘工厂流程图

④微商代发。

"微商代发"页面是专门为微商平台提供货源的 1688 货源网供货模块,如图 3.28 所示。此模块需要微商使用手机微信移动扫码功能,并安装分销进货工具"采源宝",如图 3.25 和图 3.26 所示。

图 3.25　微商货源商品页面

图 3.26　采源宝页面

⑤跨境专供。

"跨境专供"（外贸电商货源）是专门为阿里巴巴旗下全球速卖通平台提供货源的 1688 货源网供货模块。跨境专供和微商代发从本质上与淘货源没有区别,仅仅是将更好地支持海外物流的供应商和支持微信平台的供应商进行了挑选和分类,如图 3.27 和图 3.28 所示。

图 3.27　跨境专供

图 3.28　微供市场

下面以跨境专供的漳州市佰奇钟表厂家为例,可以在产品页显示一件代发如图3.29所示。

图 3.29　跨境专供案例

但是专属优惠价格,显示为lock,想要解锁必须要申请代理资格,如图3.30所示。

图 3.30　跨境专供案例商品

申请分销需要满足以下要求,如图3.31所示。

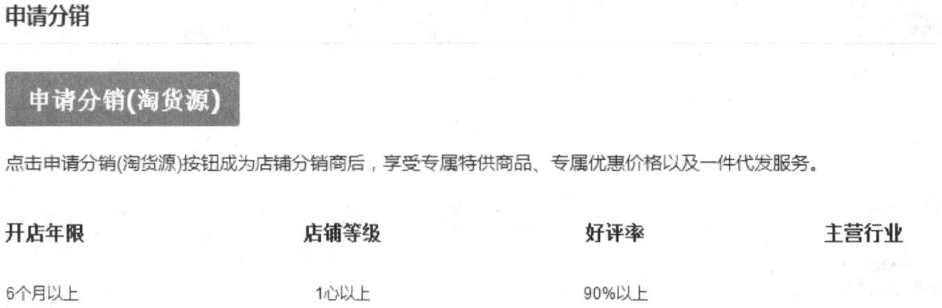

申请分销

申请分销(淘货源)

点击申请分销(淘货源)按钮成为店铺分销商后,享受专属特供商品、专属优惠价格以及一件代发服务。

开店年限	店铺等级	好评率	主营行业
6个月以上	1心以上	90%以上	

图 3.31　跨境专供案例申请页面

如果满足以上要求,淘宝卖家就可以点击申请分销,如图 3.32 所示。

我们提供:

(1) 现货库存保证。下午4点之前付款当天发货,默认发申通快递!

(2) 一件代发:零加盟费,零代理费,零服务费,加入代理即可享受一件代发,分销分账,让您实现0库存、资金0垫付经营无风险。

(3) 数据包:提供产品数据包。

(4) 售后保障:成功加入代理可享受签收后退换货政策,前提是产品质量有问题,否则一律不让退货。

(5) 价格优势:厂家直供出厂价。

(6) 质量保障:从事多年钟表行业,完善的生产线,品控严格,每件产品都经过权威质检。

(7) 市场维护:保护广大代理利益,不打价格战。

申请分销

图 3.32 申请分销页面

2. 天猫供销平台

当淘宝店铺达到一定等级后,可在天猫供销平台进货。天猫供销平台的准入门槛非常高,不适合学生初期创业项目,此处只做简要说明。

进入天猫供销平台前需要电商卖家注册淘宝卖家身份(具体注册淘宝卖家步骤在后面章节介绍)。

第一步:登录。

在注册淘宝卖家成功并登录后,单击"**卖家中心**",如下图 3.33 所示。

图 3.33 卖家中心

第二步:分销管理。

在卖家中心页面的左侧导航栏中找到**货源中心**,选择"**分销管理**",如下图 3.34 所示。

电商创业实操教程

图3.34　分销管理

第三步:在分销管理界面,进行如下操作。

在支付宝申请企业支付宝认证(在市场监督管理局注册企业、在税务部门登记后),选择立即申请。在线申请:a. 提交入驻资料并签署协议;b. 供销平台在15个工作日内完成审核。激活账号:a. 登录账号缴纳保证金;b. 完成初始化,激活账号。最后点击"我要入驻",如下图3.35所示。

图3.35　四步准备

3. 第三方货源网

因为第三方货源网上套路多,所以对创业者来说,不建议选用此种方式。在此只做甄别性比较,不做结论。在百度搜索栏中,输入"货源"一词,会显示许多搜索结果,其中就有许多第三方货源网(平台),这里所说的第三方是相对于淘宝平台和1688货源网来说的,简单地讲,就是从非阿里平台的线上渠道进货在淘宝上销售,这样做的风险很大。

搜索结果中有货源之家,如图3.36所示;53货源网,如图3.37所示;好货源,如图3.38所示。

实验项目3 货 源

图 3.36 货源之家

图 3.37 53 货源网

图 3.38　好货源

这些网站都有两个共性特征：一是要进行注册，二是都有代理加盟费，也就是说要代理先交费。注意：凡是要交费，无论交费金额多少都要小心，以免中了第三方平台的连环圈套。

当卖家注册完淘宝店铺后，旺旺或者千牛就会有许多第三方平台主动找上门，希望你能代理他们的产品，从宣传口径上来说，费用不高但是服务特别好，如图 3.39 所示，客服一般都是按套路，先问你开店的意愿（因为你既然开通店铺肯定有这方面的意愿），然后告诉你他们这也能代理那也能代理，从男装、女装、童装到首饰、箱包、鞋袜无所不包，通常还有一个确切的数字十几万种或几十万种。我们假设客服说的都是实情，一个能够代理几十种门类、十几万种商品的供货商，手里的货一定不是自己生产的，那么他家的货就要比从货品源头的生产厂家拿货要贵一些。要相信因为专注所以专业，什么都做的商家一定包含不赚钱的项目，那么不赚钱的项目为什么还要保留，企业不是慈善机构，只有盈利才能生存，那么这样的第三方平台的利润来自哪里，就值得思考。我们在此处只分析，但不做结论。结论请大家自己思考。重要的事情说三遍，只分析不做结论！！！

第二个邀请与第一个类似，如图 3.40 所示，但是显得更有诚意，向店主提供了营业执照，但是没有正面回答店主的问题——是否是 1688 的供货商，说明是第三方货源网。经过查询该企业真实存在，但是依然有可能存在消费陷阱，所以大家还是要小心，注意不要落入陷阱。

实验项目 3 货　　源

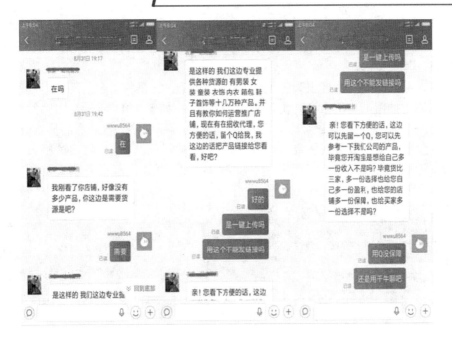

图 3.39　邀请及对话内容

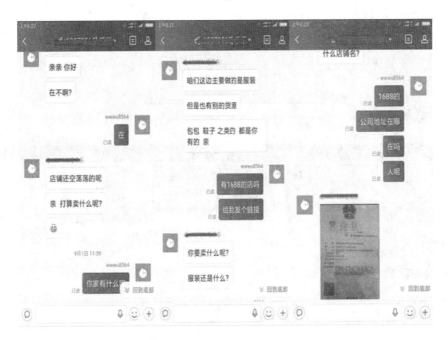

图 3.40　邀请对话二

经过继续沟通,店主决定给客服留下 QQ 号,进一步考察。注意:当店主给客服留 QQ 号,而不是客服给你留 QQ 号,能够证明身份的证据链就已经断了。所以后面大家可以做多种猜想,这里不做结论。

如图 3.41 所示,(新)客服为店主,提供了一个第三方供货平台的网址(如图 3.42 所示),并向店主推销了 180 元终身代理费的套餐服务,如图 3.43 所示。店主对此进行了两项考察:一是通过比价服务对比了淘宝、1688 同款商品和该平台的商品价格(比价方法在选品中介绍),结果显示该平台的价格更高;二是通过网络搜索,发现该平台的服务有一些潜在的消费陷阱的可能。但是,这不是最终结论,具体内容还希望大家有自己的判断。

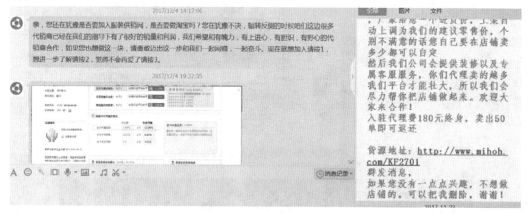

图 3.41　QQ 聊天工具截图

图 3.42　隐藏网址名称的第三方货源网

实验项目3　货　　源

匿名用户　1级
2017-10-31 回答

给你说说我在服装供销网的事,入驻交180元后他们会有一个助理一样的给你装修店铺,然后劝你和他们协同运行交6800元。在说说他们的货我特意用朋友的账号在我淘宝拍一件,那质量比地摊的质量还差价格高,你在淘宝上卖出了在他们那里下单,他们能正常发货的可能会有到特少,一般两天发货算是好的。他们里面也是像你和服装供销网的店主关系一样,他们的服装也是通过别的地方发货到手给你,发货速度根本得不到保障。我的遭遇,晚上我和它们联系问有货吗?他们说藏青色的没有了只有黑色的,我说明天我和客户联系中午回复你们,第二天十点多回复他们黑色的也可以,一点多他们给发货了并给我发货通知,但到了晚上说他们发货是虚假的,这款衣服没有了,然后来了一句你退货吧,在后来一句解释没有,就是这么任性!我和服装供销网专员联系,一句我会反应的,好歹还有一句不好意思!我有截图伬传不上。服装供销网时满50单会返回180元,这只是一个传说!

👍 7　　👎 1

图 3.43　网络搜索结果(注意:不代表本书态度,本书不做结论。)
图片来源:http://wenwen.sogou.com/z/q769933245.htm

实验项目 4

Chapter 4

数据选品

实验目的：了解数据分析工具类型及使用方法。

实验任务：分清不同数据分析工具的用途，弄清使用数据分析工具的顺序，掌握使用数据分析工具的步骤。

数据选品从字面上来理解就是**用数据分析工具**，**选出**要销售的**商品**。事实上**外贸电商**和**内贸电商**数据选品的方法存在较大**差别**。外贸电商以全球速卖通数据选品为例，绝大部分是依靠数据分析工具，如"选品专家"来区分红海商品（竞争激烈的商品）和蓝海商品（竞争不激烈的商品），从而直接选出。这种选品方式能够满足市场需求变化趋势，并且准确选出竞争强度相对较低的畅销商品。与此对应的是，内贸电商在进行数据选品时，首先是根据季节性需求、气候性需求、地域性需求等实际因素来进行主观的筛选或候选，然后再依靠数据，分析市场竞争态势和市场的准入条件。

外贸电商数据选品接近全自动化的"武器"系统，往往能够精准捕捉市场潜在的商机；内贸电商数据选品接近于半自动化的"武器"系统，如果很好地发挥人的因素，就能放大"武器"的效能，反之如果人没能发挥其应有的作用，很可能最终导致选品失败。

总而言之，**外贸电商**使用工具**直接**数据选品，**内贸电商**使用工具**间接**数据选品。

无论内贸电商选品还是外贸电商选品，**数据选品应该依据大数据进行**，大数据能够帮助电商了解潜在的市场需求、供应商的意愿、特定商品的价格因素等内容。

21世纪是**大数据时代**，很多人对大数据的理解存在**误区**，认为**数据量多就是大数据**，数据量小就不是大数据。**事实上**，大数据并不一定是数据量非常大的，大数据中**"大"首先指的是"多维度""多视角"**，其次才是数据源的**数量**。

举个"栗子"，由甲乙两人分别买了三袋和三百袋百草味的板栗仁。同样是百草味的板栗仁，甲手中有三袋，乙手中有三百袋，那么能说明乙就掌握板栗仁的大数据了吗？**答案是未必**。如果乙的板栗仁的产地和生产批次相同，而甲手里的板栗仁分属不同的产地，那么甲掌握的三个数据实际上更有数据分析价值。当然，如果乙手里的板栗仁是三个产地各一百袋,那还是乙的手里掌握着大数据,不仅数据维度和甲的数据维度持平,而且数据源的数量也超过甲。更重要的是乙手里的数据源不仅多,而且还进行了初级数据分组。

从上面的内容我们可以知道三件事:第一,大数据很重要;第二,大数据是多维度的;第三,大数据需要人使用恰当的分析方法。下面讲解电商常用的数据分析工具和分析方法。

4.1 数据筛选工具——百度指数

去哪里找**免费**的**多维度**的大数据,**并且最好还自带免费的分析工具**呢?答案是,在互联网时代**搜索引擎的运营商**掌握着关于潜在市场需求的大数据。中国人使用最多的搜索引擎就是**百度**搜索引擎。百度可以说是中国最权威的互联网大数据企业之一。这里向大家推荐"百度指数"作为宏观数据选品工具。

4.1.1 百度指数说明

百度指数是以百度海量网民行为数据为基础的**数据分享平台**,是当前互联网乃至整个数据时代最重要的**统计分析**平台之一,自发布之日便成为众多企业营销决策的重要依据。

4.1.2 百度指数作用

百度指数作用是:能够显示某个关键词在百度的搜索**规模**有多大,一段时间内的涨跌**态势**以及相关的新闻舆论**变化**,关注这些词的网民是什么样的(**人群**),分布在哪里(**区域**),同时还搜了哪些相关的词(**关联**),帮助用户优化数字营销活动方案(**依据**)。

4.1.3 百度指数模块

百度指数的主要**功能模块**有:基于单个词的**趋势研究**、**需求图谱**、**资讯关注**、**人群画像**;基于**行业**的**整体趋势**、**地域分布**、**人群属性**、**搜索时间特征**。

以下是以"牙刷"作为关键词搜索的案例,说明百度指数使用方法:

第一步,如图 4.1 所示,在浏览器的地址栏中输入网址 http://index.baidu.com/ 即可进入百度指数的首页。(使用百度指数搜索关键词,**需要登录百度账户**,注册步骤省略,本书以 wz3gs 账号为例说明。)

第二步,如图 4.2 所示,输入搜索关键词"牙刷"。注意:右上方的用户界面显示已由用户 wz3gs 登录。

电商创业实操教程

图 4.1 百度指数首页

图 4.2 搜索页面

第三步,搜索结果分为**趋势研究**、**需求图谱**、**资讯关注**、**人群画像**四个模块。

趋势研究模块为创业者提供可选择的趋势分析的类型和数据时间的类型等数据信息。

如图 4.3 所示,用户可以再添加一个对比关键词,将二者进行比较查询。同时,查询者对于趋势的选择可以单独选取"PC 趋势"或"移动趋势",也可以默认选择"整体趋势"。数据的时间可以分别选取"最近""24 h""7 天""30 天""90 天""半年""全部"和"自定义"等多种时间形式。创业者可以根据店铺的类型和所销售的商品的特点选择趋势分析的类型和数据时间的类型。

图 4.3　搜索结果**趋势研究**模块

如图 4.4 所示,在需求图谱中关键词"牙刷"以下还可分为若干与牙刷相关的"子关键词"。

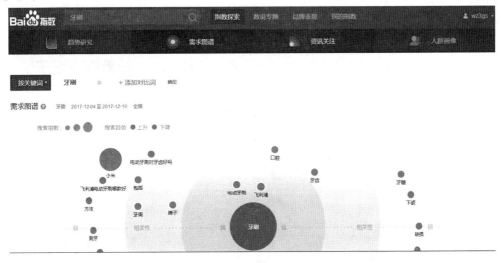

图 4.4　搜索结果**需求图谱**模块

如图 4.5 所示,资讯关注可以分为资讯指数和媒体指数两种查询内容。

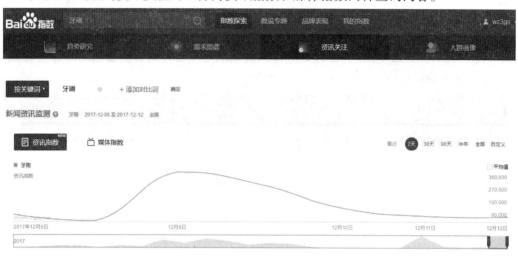

图 4.5　搜索结果**资讯关注模块**

如图 4.6 所示,人群画像可以按省份、区域或者城市划分。

图 4.6　搜索结果**人群画像模块**

4.2 中观数据筛选工具——阿里指数、生 e 经

4.2.1 阿里指数

阿里指数是了解电子商务平台市场动向的数据分析平台。从 2012 年 11 月 26 日,阿里指数正式上线以来,阿里指数根据阿里巴巴网站每日运营的基本数据,包括每天网站浏览量、每天浏览的人次、每天新增供求产品数、新增公司数和新增产品数这 5 项指标统计计算得出。

阿里指数的网址为:http://index.1688.com/,如图 4.7 所示。

图 4.7 阿里指数首页

阿里指数与百度指数不同,不需要注册登录即可以使用。下面还以关键词"牙刷"为例进行示范。搜索"牙刷"关键词,如图 4.8 所示。

注意观察"牙刷"关键词自动所属的类目为个护/家清—口腔清洁护理—牙刷。绿色为淘宝数据,蓝色为 1688 货源网数据。行业大盘 – 数据概况,如图 4.9 所示。

电商创业实操教程

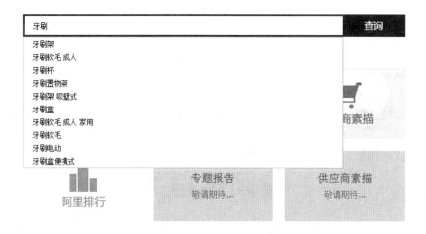

图 4.8　阿里指数搜索页面

图 4.9　行业大盘 – 数据概况

实验项目 4　数据选品

行业大盘-相关行业(热门行业/潜力行业),如图 4.10 所示。

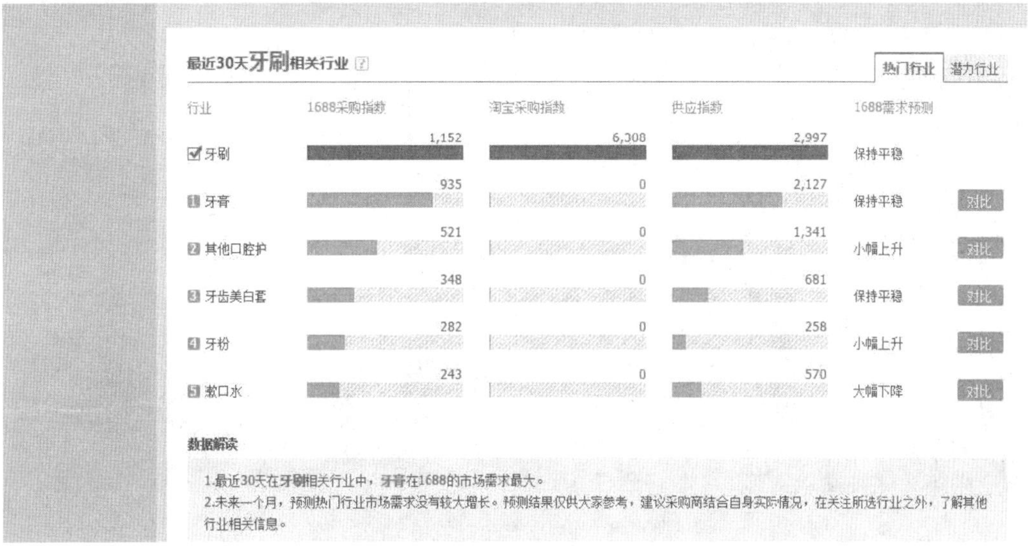

图 4.10　行业大盘-相关行业

属性细分-热门基础属性(适用人群、功能、原产国/地区、规格、品牌),如图 4.11 所示。

图 4.11　属性细分-热门基础属性

属性细分 – 热门营销属性,如图 4.12 所示。

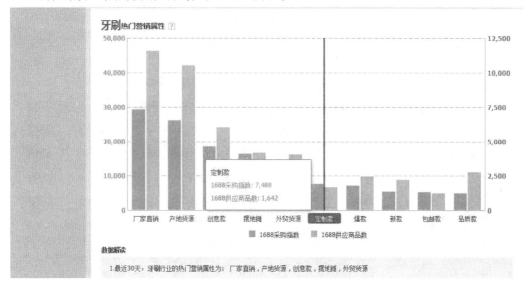

图 4.12 属性细分 – 热门营销属性

属性细分 – 价格带分布,如图 4.13 所示。

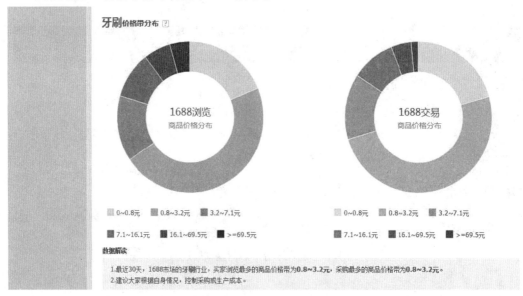

图 4.13 属性细分 – 价格带分布

采购商素描 – 采购商身份,如图 4.14 所示。

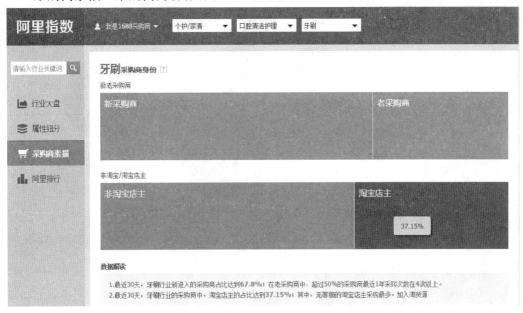

图 4.14 采购商素描 – 采购商身份

采购商素描 – 采购客单价,如图 4.15 所示。

图 4.15 采购商素描 – 采购客单价

采购商素描－采购关联行业,如图4.16所示。

图4.16　采购商素描－采购关联行业

阿里排行－上升榜、热搜榜,如图4.17所示。

阿里排行－转化率榜、新词榜,如图4.18所示。

4.2.2　生e经

在介绍生e经之前,首先要说明一下,虽然同为阿里的产品,但是:生意经≠生e经。这两个"兄弟"虽有血缘关系,但是同音不同义,一定要加以区分,免得造成混淆。

"生意经"是阿里巴巴为广大用户提供的专注于商业领域、通过问答的手段解决商业难题、积累商业实战知识的平台。生意经旨在"让天下没有解决不了的生意上的难题"。任何一个有关商业方面的疑问、求助和知识都可以在生意经里快速得到系统的、高质量的答案。生意经的口号是"有问题,就找生意经"。

"生e经"是对淘宝店铺数据进行多方位深度分析,助力优化标题、关联推荐、追踪广告来源效果、提升搜索排名的工具。

简单地说,"生意经"是阿里巴巴搭建的一个关于电商知识的问答平台;"生e经"是淘宝店铺运营的一个免费/付费工具。

使用生e经首先要进入淘宝的服务市场,进行订购。淘宝卖家可以选择免费的试用版本,也可以选用付费的加强版本或者专业版本,每种版本随价格的升高而具有更多的功能。

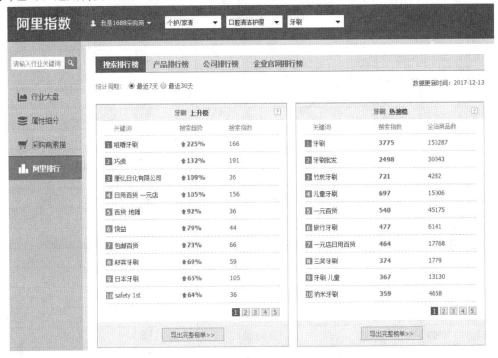

图 4.17　阿里排行 – 上升榜、热搜榜

图 4.18　阿里排行 – 转化率榜、新词榜

免费版、加强版、专业版的功能对比如图 4.19 所示。

	免费版	加强版	专业版
流量分析 - 流量指标&走势	✗	✓	✓
流量分析 - 按访客时段/省份分析	✗	✓	✓
流量分析 - 宝贝页/类目页/店内搜索页分析	✗	✓	✓
流量分析 - 流量来源分析	✗	✓	✓
流量分析 - 淘宝搜索/直通车关键词分析	✗	✓	✓
流量分析 - 自定义页面分析	✗	仅流量分析	流量+销售
销售分析 - 销售指标&走势	✗	✓	✓
销售分析 - 下单路径追踪（PC端）	✗	✓	✓
销售分析 - 地域分布	✗	✓	✓
销售分析 - 付款时间分布	✗	✓	✓
宝贝分析 - 调整优化（上架、橱窗、价格）	✗	✓	✓
宝贝分析 - 指标总览	✗	不含收藏、退款	所有指标
宝贝分析 - 搭配销售分析	✗	✓	✓
单个宝贝分析 - 一键分析（搜索排名要素分析）	✗	✓	✓
单个宝贝分析 - 趋势分析	✗	✓	✓
流量分析 - 流量来源分析（URL粒度）	✗	✗	✓
流量分析 - 自定义页面分析（为宝贝页引流）	✗	✗	✓
销售分析 - 订单来源ROI（全来源销售分析）	✗	✗	✓
销售分析 - 订单来源ROI（7日延迟效果分析）	✗	✗	✓
销售分析 - 订单来源ROI（直接、间接成交分析）	✗	✗	✓
单个宝贝分析 - 标题分析（根据宝贝推荐热搜词）	✗	✗	✓
单个宝贝分析 - 标题分析（关键词流量、成交分析）	✗	✗	✓
单个宝贝分析 - 关联分析	✗	✗	✓
单个宝贝分析 - 来源分析	✗	可分析5种来源的UV	全部来源的UV及销售
单个宝贝分析 - 深度分析	✗	✗	可分析5个宝贝
宝贝分析 - 关联推荐	✗	✗	✓
手机淘宝 - 流量分析（整体、按省份、按时段）	✗	✗	✓
手机淘宝 - 销售分析（整体、按省份、按时段）	✗	✗	✓
手机淘宝 - 宝贝页分析	✗	✗	✓

图 4.19　功能对比图

服务市场网址为：https://fuwu.taobao.com/ser/detail.htm? service_code = App_SERVICE_TOP_SEJ

实验项目 4　数据选品

也可扫描如下二维码,在图 4.20 淘宝服务市场页面,淘宝卖家可以根据自己的需求订制服务。

图 4.20　淘宝服务市场

注意:原本生 e 经具有行业分析功能,但是受淘宝新政的影响,所有软件不能提供行业分析功能,因此生 e 经行业分析模块后续将被迫停掉,其他功能不受任何影响,生 e 经可以正常订购,后续只是行业功能受影响。

功能介绍,如图 4.21 所示。

监控店铺流量来源,找好突破口,如图 4.22 所示。

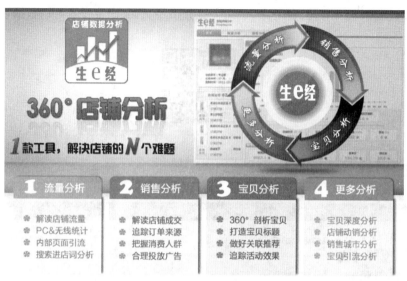

图 4.21 功能介绍

图 4.22 流量来源

打造宝贝标题,让买家轻松找到你的店铺,如图4.23所示。

图 4.23 打造标题

追踪 PC 端下单轨迹,掌握买家行为,如图 4.24 所示。

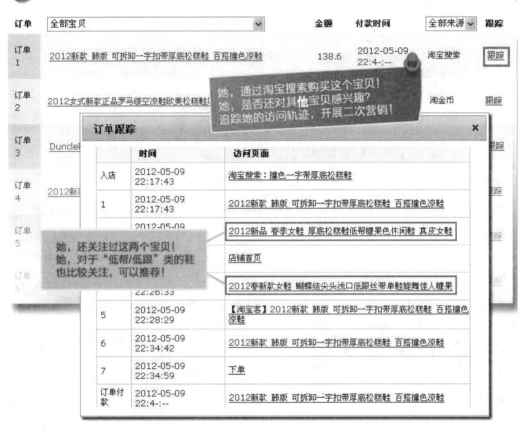

图 4.24　订单分析

宝贝关联分析,挖掘顾客潜在购买力,如图4.25所示。

4 宝贝关联分析，挖掘顾客潜在购买力

2012新品 春季女鞋 厚底松糕鞋低帮糖果色休闲鞋 真皮女鞋 （到淘宝卖家中心修改宝贝）

价格：227元

查看该宝贝给其他宝贝引入的流量>>>　　查看从宝贝点击到搭配套餐的流量>>>

◎ 相关联的宝贝

图片	标题	↓关联访问次数	关联购买次数	关联购买率
	2012春新款女鞋 蝴蝶结尖头浅口低跟丝带单鞋旋舞佳人糖果	1133	13	1.15%
	2012新款女鞋甜美淑女芭		5	0.53%
	2012春季新品单鞋 蝴蝶		6	0.79%
	2012春季新款单鞋真皮低跟系带女鞋潮鞋糖果色漆皮英伦风牛津鞋	650	12	1.85%
	2012新款 韩版 可拆卸一字扣带厚底松糕鞋 百搭撞色凉鞋	577	5	0.87%
	2012春秋新品单鞋 旋舞佳人糖果色鱼嘴鞋 高跟防水台粗跟女鞋	559	0	0%

通过数据分析，找到宝贝间的关联性，做好关联推荐和搭配，提升转化率！

图4.25　宝贝分析

360°监测宝贝,攻克经营短板,如图4.26所示。

图4.26 经营分析

4.3 微观数据筛选工具——比价服务

"比价服务"是现在非常流行、非常时髦的一个新词。能够为消费者提供**同款商品比较价格的服务就是比价服务**。在这里给大家介绍一个国内跨平台电商比价网站 App 插件——**慢慢买**,及淘宝和 1688 货源网自带的平台内比价功能——**拍立淘**。

4.3.1 慢慢买

慢慢买是一家集网购折扣推荐、全网搜索比价和历史价格查询为一体的购物导购网站。慢慢买的核心是一个购物比价搜索引擎,优势是原创神价商品推荐,帮助用户实现一站式比价选购,买到高性价比的商品!慢慢买倡导理性消费,相信"慢一点,省一点"!慢慢买目前合作的网上商城都是国内知名的 B2C 网站,已有多年积累,以保证消费者买到价格实惠的优质产品。

慢慢买的核心功能是,让你对比同款商品在全网各个商城的报价,轻松了解更低价和历史价。

手机 App：http://home.manmanbuy.com/App.aspx

慢慢买 App 下载页面，如图 4.27 所示。

图 4.27　慢慢买 App 下载页面

浏览器插件（支持 chrome 和 360 浏览器）：http://lanrenbijia.com/

插件下载页面，如图 4.28 所示。

图 4.28　插件下载页面

网页端比价：http://home.manmanbuy.com/bijia.aspx

慢慢买网页，如图4.29所示。

图4.29　慢慢买网页

历史价格查询（纵向价格查询）

网购必备神器，了解该商品的历史价格走势和最低价，防止被商家的各类活动（如"双11""618"）忽悠。

使用方式1：访问网页，复制商品URL地址：http://tool.manmanbuy.com/HistoryLowest.aspx

实验项目4　数据选品

进入保洁官方唯一旗舰店,打开佳洁士牙刷商品页面,如图4.30所示。

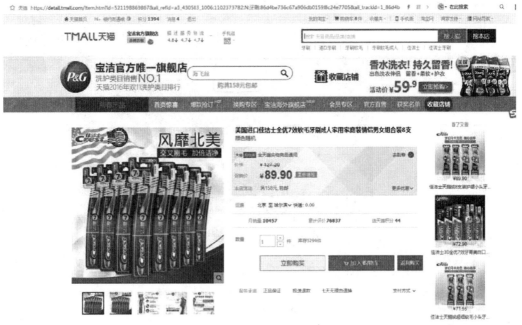

图4.30　保洁官方唯一旗舰店商品页面

复制地址,如图4.31所示。

图4.31　复制地址

进入慢慢买网页首页,点击"历史价格查询",如图4.32所示。

图4.32　历史价格查询

粘贴地址,如图4.33所示。

图4.33　粘贴地址

查看商品"历史价格查询",如图4.34所示。

使用方式2:打开慢慢买App,点"查历史价"图标,从淘宝或京东App上复制商品链接,回到慢慢买App会提示粘贴。

手机淘宝商品页面,如图4.35所示。分享,如图4.36所示。

实验项目4　数据选品

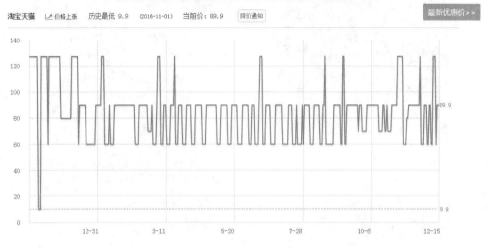

图 4.34　商品历史价格查询

图 4.35　手机淘宝商品页面

图 4.36　分享

复制链接,如图4.37所示。复制成功,如图4.38所示。

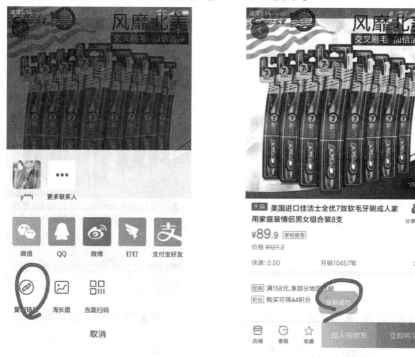

图4.37 复制链接　　　　　图4.38 复制成功

返回手机桌面,进入慢慢买App,如图4.39所示。选择"查历史价",如图4.40所示。

粘贴网址,如图4.41所示。显示历史价格,如图4.42所示。

使用方式3:安装懒人比价插件,打开每个商品页面时,会自动显示该商品历史低价的走势图。

安装插件,如图4.43所示。

实验项目 4 数据选品

图 4.39 进入手机慢慢买 App

图 4.40 查询历史价格

图 4.41 粘贴网址

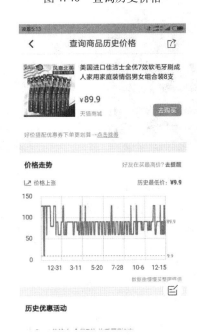

图 4.42 手机历史价格页面

电商创业实操教程

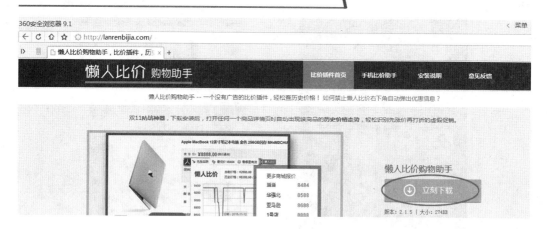

图 4.43　安装插件

选择"360 安全版"浏览器；如果是搜狗浏览器，选择第一个 Chrome 版。如图 4.44 所示。

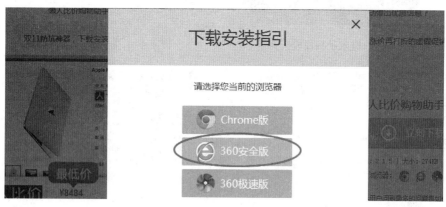

图 4.44　选择浏览器

添加插件到浏览器，如图 4.45 所示。

添加插件到浏览器完成后，直接点击查询，如图 4.46 所示。

实验项目4　数据选品

图 4.45　添加插件到浏览器

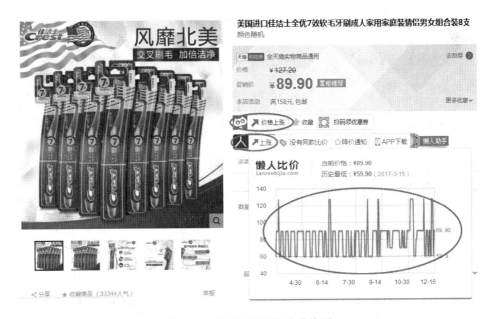

图 4.46　浏览器显示历史价格图

除此之外,慢慢买还为用户提供了全网优惠折扣(省钱控)、白菜价、收藏商品、降价提醒、全网比价等功能。下面仅用文字简单介绍。

全网优惠折扣(省钱控):高性价比的折扣推荐,刷刷省钱控,第一时间掌握各商城的优惠和特价商品。这里聚集了很多购物达人一起分享、交流、解读。

使用方式:http://cu.manmanbuy.com/。

白菜价:各类天猫优惠券汇总,帮你省得更多。天猫商家为了做爆款,前期会亏本冲销量,表现形式一般是限时特卖,针对慢慢买用户发放优惠券。

便宜一样有好货,马上进入优惠券直播间。

收藏商品、降价提醒:收藏商品后,当该商品降价时,第一时间微信通知(需要将慢慢买账号和微信账号绑定)。

4.3.2 拍立淘

目前最好的平台内比价软件或插件为拍立淘。拍立淘原本是一款第三方 App 软件,具有识别同款、相似款商品,按图片类目智能推荐,按图片搜索周边吃、穿、用、玩等功能,如图 4.47 所示。现在各种版本的淘宝、天猫、1688 都支持此功能。

图 4.47 拍立淘功能介绍

拍立淘支持三种方式输入图片。搜索图片的标准:图片或照片,可以截图也可以拍照。

三种方式为:

第一种:淘宝(1688)首页固件;第二种:独立网页及独立 App;第三种:浏览器插件。

①第一种方式——固件。

网页版淘宝首页固件,如图 4.48 所示。

图 4.48 网页版淘宝首页固件

手机版淘宝首页固件,如图 4.49 所示。网页版 1688 首页固件,如图 4.50 所示。

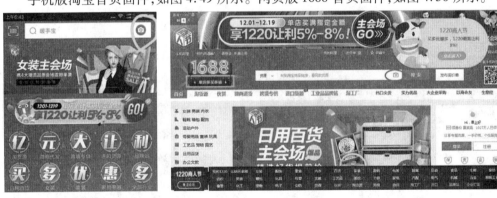

图 4.49 手机版淘宝首页固件　　　　图 4.50 网页版 1688 首页固件

手机版 1688 首页固件,如图 4.51 所示。

图 4.51　手机版 1688 首页固件

②第二种方式——独立网页及独立 App。

输入网址:http://www.pailitao.com/

独立网页及独立 App 下载页面,如图 4.52 所示。

图 4.52　独立网页及独立 App 下载页面

③第三种方式——浏览器插件。

插件下载地址为:http://www.pailitao.com/show?App=plugin

插件使用方式,如图4.53所示。

图4.53 拍立淘插件使用方式

注意事项,如图4.54所示。

图4.54 正确与错误的拍照示例

如搜索"佳洁士牙刷图片",如图4.55所示。

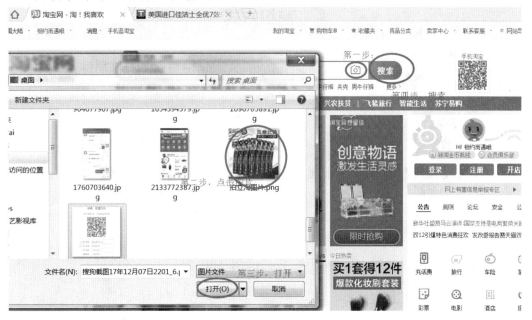

图4.55 搜索页面

上传并检索图片过程,如图4.56所示。

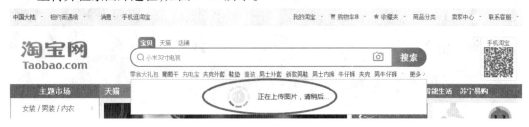

图4.56 上传页面

检索结果,如图4.57所示。

通过此项功能,同款商品的信息,尤其是价格的比较结果一目了然。同理,用手机淘宝也可以拍立淘。手机淘宝拍立淘,如图4.58所示。手机淘宝拍立淘拍照,如图4.59所示。手机淘宝拍立淘搜索结果,如图4.60所示。

实验项目4 数据选品

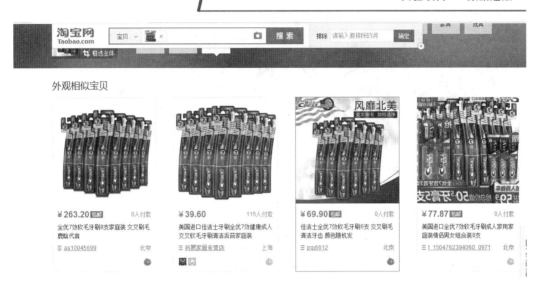

图 4.57 检索结果

图 4.58 手机淘宝拍立淘　图 4.59 手机淘宝拍立淘拍照　图 4.60 手机淘宝拍立淘搜索结果

实验项目 5
Chapter 5

销售渠道及运营

实验项目:了解淘宝店铺的销售渠道,以及淘宝的运营方式。

实验任务:掌握淘宝店铺的注册步骤;一件代发产品上传的步骤;淘宝营销活动的申请方式;微信以及营销 App 的使用方法。

5.1 淘 宝

淘宝网是中国最大的电子商务零售平台(C2C),在线商品数量达到 10 亿件,在 C2C 市场,淘宝网占 95% 的市场份额。淘宝网兼容天猫(B2C)检索功能,也就是说,在淘宝主页面既可以搜索到淘宝商品,也可以搜索到天猫店铺的商品。淘宝网由阿里巴巴集团在 2003 年 5 月创立。淘宝网是中国深受欢迎的网购零售平台,目前拥有 5 亿 + 的注册用户数,每天有 6 000 万 + 的固定访客,同时每天的在线商品数已经超过了 8 亿件,平均每分钟售出 4.8 万件商品。

5.1.1 注册淘宝店铺

注册淘宝店铺,是开店的第一步,首先要准备好开店必需的要件。通常分为两种情况。第一种是你已经具备了淘宝的买家账号,现在转为卖家账号,这是最常见的情况。第二种是你没有淘宝买家账号,这种情况相对比较麻烦。

1. 有买家账号

第一种情况下,需要具备的要件分别是:手机(计算机)、淘宝 App(浏览器)、淘宝账号、支付宝账号、身份证。

(1)手机注册方式。

手机注册步骤。

第一步,打开手机淘宝,登录进入后点击"我的淘宝",如图 5.1 所示。

第二步,在"我的淘宝"页面点击"我要开店",如图 5.2 所示。

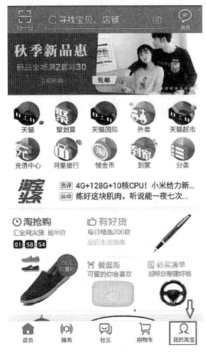

图 5.1　我的淘宝

图 5.2　我要开店

第三步,进入开店页面,输入店铺名,设置店铺 Logo,填写完店铺描述后点击"立即开通",如图 5.3 所示。

第四步,页面跳转后点击淘宝开店认证,跳转进入身份认证页面,点击"开始认证",如图 5.4 所示。

第五步,进入照片提交页面,上传自己的半身照和身份证正面照(这两张照片必须是现照直接上传才行),上传完成后点击"提交",如图 5.5 所示。

资料提交之后需要等候审核,通过认证后即可进行店铺宝贝上架等事宜,如图 5.6 通过认证所示。

电商创业实操教程

图 5.3　免费开店　　　　　　图 5.4　身份认证

图 5.5　上传照片及身份证　　图 5.6　通过认证

（2）计算机注册方式。

第一步，进入淘宝的网站 https://login.taobao.com/，点击"登录"，如图 5.7 所示。

图 5.7　淘宝登录页面

第二步，登录后点击右上角"卖家中心"的"免费开店"，如图 5.8 所示。

图 5.8　免费开店

第三步,选择"个人开店"还是"企业开店",如图5.9所示。学生创业两种都可以,各有利弊。

图5.9　开店类型

第四步,选择后就会要求输入认证,再点击"创建店铺"就可以了,如图5.10所示。

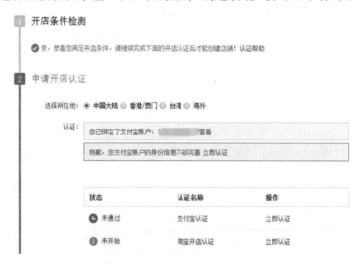

图5.10　立即认证

2. 无买家账号

第二种情况下,申请开店的步骤如下:(假设你有实名手机号,但无银行卡)

第一步,持本人身份证原件及身份证复印件(最好有一张)。

第二步,到附近的银行开一张银行储蓄卡,建议国有银行,即工农中建交五行。

第三步,开卡前填写一张申请表(银行有填好的样板,你可以参照样板填写)。

第四步,在取号机取号,到柜台开通网上银行业务。

第五步,设置相关密码,银行卡和网上银行服务开通成功,记牢相关的密码。

第六步,登录支付宝官网,注册新用户,按提示填写本人相关真实资料,注册完成。

第七步,再次登录支付宝,在我的账户页面申请实名认证,按提示填写本人相关真实资料,提交认证申请,正常情况下等待1~2个工作日便会认证成功。

第八步,登录淘宝官网,注册新用户,按提示填写本人相关真实资料,注册完成。

第九步,淘宝必须绑定支付宝。在淘宝上随意购买一件物品,在提示绑定支付宝时,按提示输入已经实名认证的支付宝账户,绑定成功。

第十步,重复第一种情况下的步骤。

5.1.2 淘宝店铺运营

1. 保证金

开通淘宝店铺以后,**最好**在第一时间**缴纳保证金或保证金保险**,否则店铺只能**发布二手商品**,而**不能发布新商品**。如果店铺销售一段时间商品后再缴纳保证金或保证金保险,则原来发布的商品**无法从二手商品**转为新商品,只能采取下架再**重新发布**商品的方式替换,那么原来商品的**销售记录就无法更新**到新商品上。因此,在开店之初,新手就应该选择保证金或保证金保险服务。

缴纳保证金的步骤如下:

(1)在登录淘宝后,进入卖家中心,然后找到淘宝服务下的"加入服务",如图 5.11 所示。

图 5.11 加入服务

(2)在选项卡中选择"保证金"选项,如图5.12所示。

图5.12 保证金

(3)点击"立即开通",如图5.13所示。

图5.13 立即开通

(4)选择1年期,然后点击"立即支付",如图5.14所示。

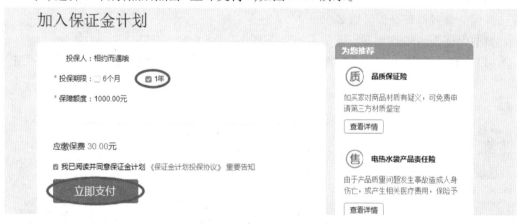

图5.14 选择1年期

也可以选择6个月,如图5.15所示。

图5.15 选择6个月

2. 产品上传

前面已经讲过如何申请分销商及一件代发资格,这里主要讲解如何利用一件代发上传商品。注意两点:第一,不用一件代发,也可以一步一步手动上传,但是效率很低;第二,一件代发也不是真的只有一件,有一些内容还是需要设置的。

(1)在1688货源网输入选品"热帖",点击"搜索",如图5.16所示。

图5.16 1688货源网搜索页

(2)选择有一件代发标识的企业商品,如图5.17所示。

图5.17 搜索结果页

(3)选择"申请代理",如图5.18所示。

图5.18 企业商品展示页面

(4)申请分销(淘货源),如图5.19所示。
(5)点击"确定",如图5.20所示。
(6)进入"1688淘管家"页面,进入"我的货源",如图5.21所示。选择"关联宝贝",如图5.22所示。

实验项目 5　销售渠道及运营

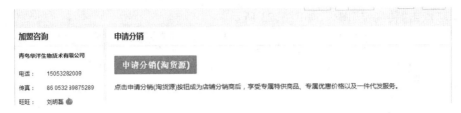

图 5.19　分销申请页面

图 5.20　申请成功页面

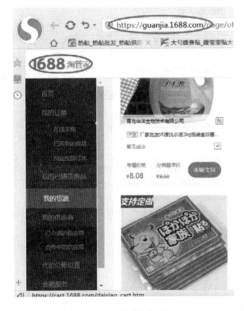

图 5.21　淘管家页面

图 5.22　选择上传产品页面

(7)点击"传淘宝"图标,如图5.23所示。

图5.23 上传产品页面

(8)阅读协议,如图5.24所示。

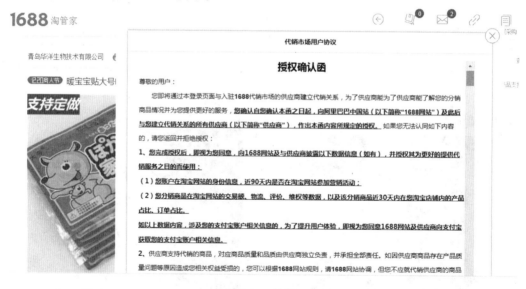

图5.24 协议

(9) 确认签署协议,如图 5.25 所示。

图 5.25　确认签署协议页面

(10) 在确认代销产品页,选择"官方传淘宝",如图 5.26 所示。

图 5.26　确认代销产品页

（11）选择"立即上架"，如图5.27所示。

图5.27　产品上架页面

（12）如图5.28~图5.34所示，为自动生成产品发布页面的流程。

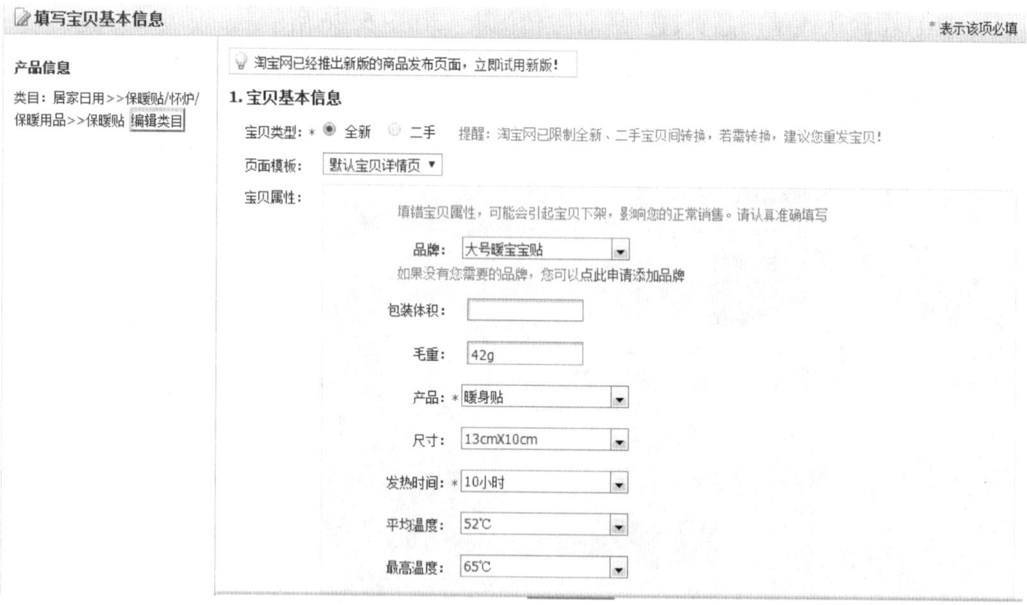

图5.28　自动生成1

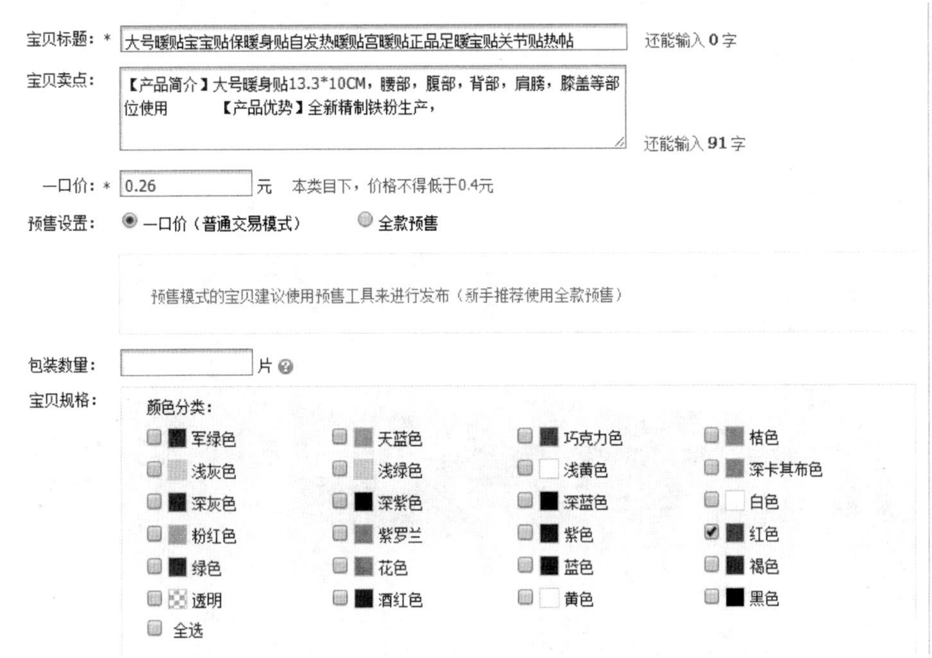

实验项目 5　销售渠道及运营

图 5.29　自动生成 2

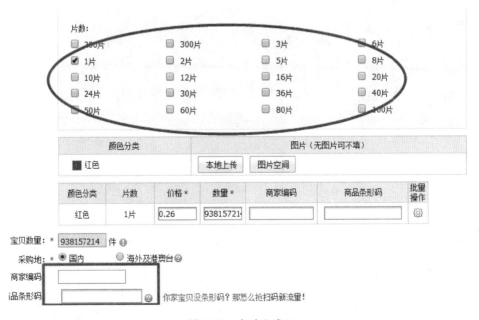

图 5.30　自动生成 3

电商创业实操教程

图 5.31　自动生成 4

实验项目5　销售渠道及运营

图 5.32　自动生成 5

设置运费模板,在物流中详细讲解(此处略),如图 5.33 所示。

2. 宝贝物流及安装服务

图 5.33　运费模板

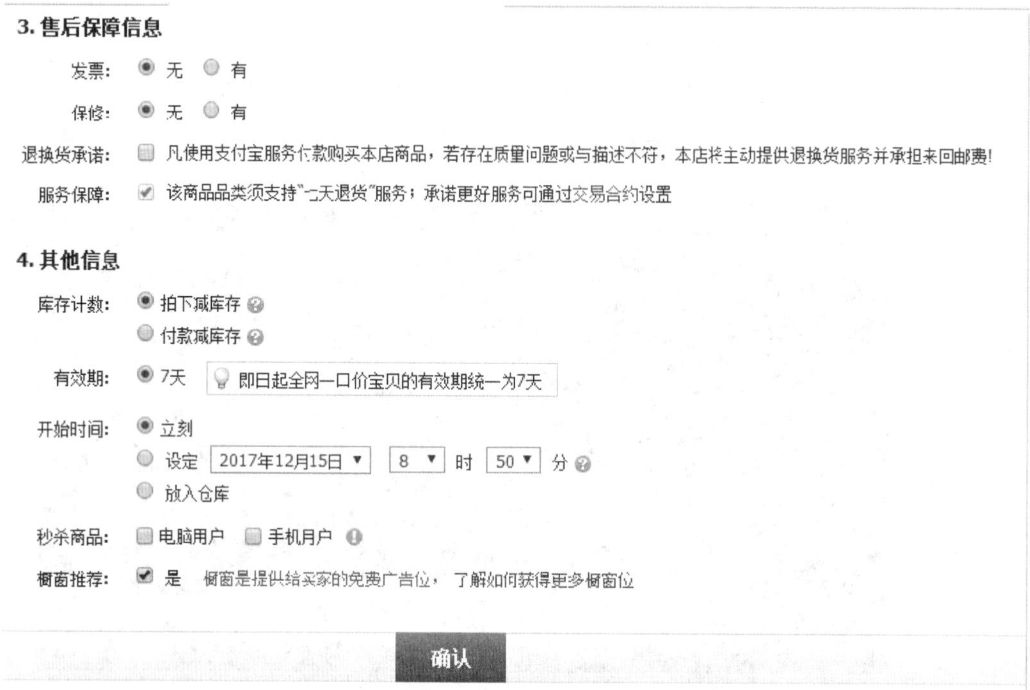

图 5.34　自动生成 6

3. 产品运营(以活动为例)

卖家店铺开通以后,正常经营情况下需要参加淘宝官方的各种活动来增加流量。参加的方式是登录淘宝官网的营销活动中心。

淘宝网官方的营销活动中心是淘营销。淘营销覆盖淘宝网首焦、搜索、服饰频道、箱包频道、数码频道、家电频道、全球购、极有家、淘金币等垂直市场,日均超过上百个官方营销活动。淘营销的主要活动为:行业营销活动;品牌活动;无线手淘活动。

淘营销网址为 https://yingxiao.taobao.com/content/index.htm? spm = a2152.7715607.0.0.T5YcJb

淘营销着页,如图 5.35 所示。

实验项目5 销售渠道及运营

图 5.35 淘营销首页

(1)行业营销活动。

第一步,在"行业营销活动"选项卡上点击"我能参加的活动",如图 5.36 所示。

图 5.36 行业营销活动页面

第二步,在"我能参加的活动"列表中,选择一项点击"立即报名",如图 5.37 所示。

第三步,查看活动内容,如图 5.38 所示。

图5.37 报名页面

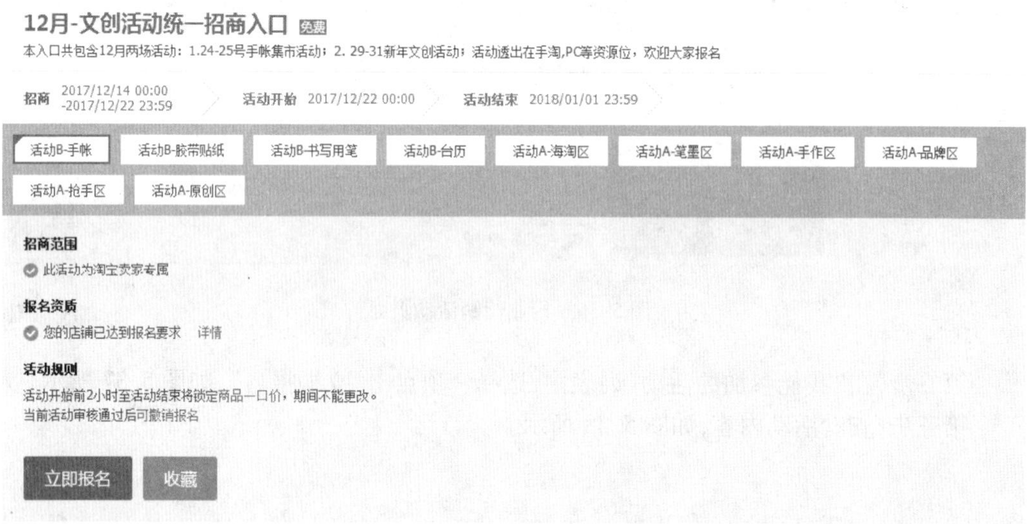

图5.38 活动详情页面

(2)品牌活动。

品牌互动包括:中国质造、极有家、授权宝、天天特价、淘金币、聚划算、全球购等,其中天天特价是新手卖家常用的营销活动方式。

实验项目5　销售渠道及运营

表5.1　品牌互动介绍

	中国质造:中国质造是制造企业自主品牌孵化平台,致力于让消费者直达生产制造企业,让制造企业更懂消费者。平台携手中国优秀制造企业,为消费者生产品质化、个性化商品。欢迎有设计研发、生产制造、品控能力、营销服务能力的企业入驻
	极有家:极有家是集家装设计、装修服务、家居商品购买于一体的家居垂直市场,以"家"为中心,为用户提供全阶段的贴身服务;我们在家装家居百货行业内,招募多元化角色(如商品商家、服务类商家、导购买手、官方协会等),并给予淘宝精准高效的流量资源支持,从而共同为消费者打造一站式家装购物平台
授权宝 授权宝	授权宝:集结全球TOP泛娱乐IP,全方位触达线上线下消费场景
	天天特价:天天特价作为阿里巴巴唯一免费扶持中小卖家成长的平台,专门扶持有特色货品、独立货源、一定经营潜力的卖家,为卖家提供流量增长、营销成长等方面的支持。除了日常商品坑位,还有更多的主题活动,集合全网优质资源,给卖家一次集中流量爆发的机会
	淘金币:以金币为工具,为全网卖家提供流量支持,无论淘宝集市店还是天猫店,都能找到自己的空间! 这里有金币抵扣、5折兑、收藏送币等丰富的营销玩法,单品、品牌随你展示! 超大流量日常单坑、主题多样的营销活动,全年不断档等你来
	聚划算:阿里巴巴集团旗下团购网站,依托淘宝网巨大的消费群体,已经成为展现淘宝卖家服务的互联网消费者首选团购平台,在国内占据最高团购网站地位,提供最优的爆款营销渠道,助卖家快速规模化获取新用户,抢占市场份额
	全球购:加入淘宝全球购打标的商家,即可认证海外代购商品,可报名参加全球购海淘大促活动、日常专题及全球特价,并有机会成为聚名品等业务的KA商家

点击天天特价，如图 5.39 所示。

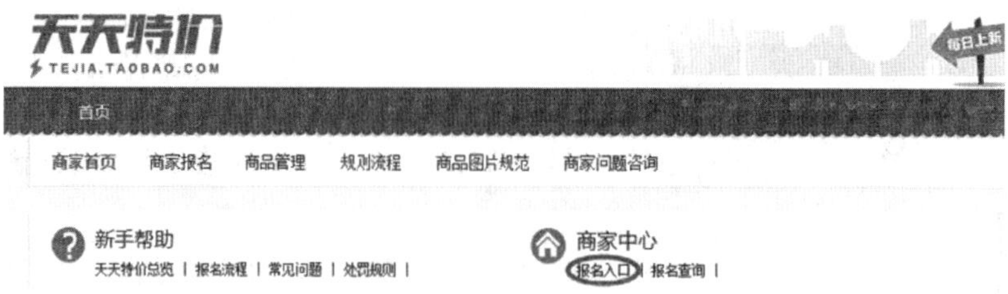

图 5.39 天天特价页面

在天天特价页面，选择报名日期及报名详情，如图 5.40 所示。

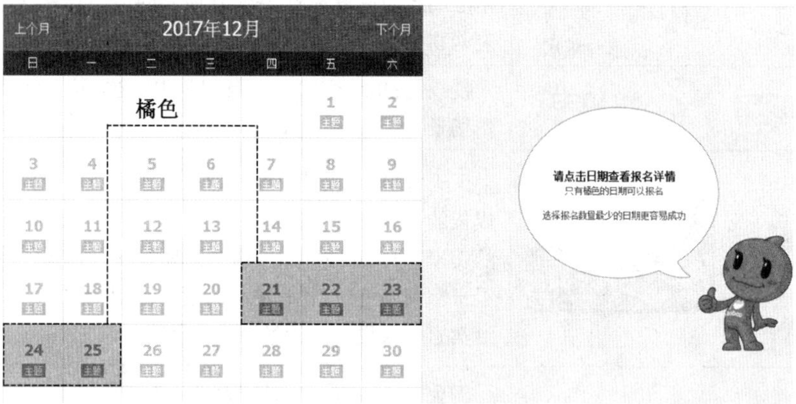

图 5.40 活动日期选择页面

查看日常活动及主题活动的内容，如图 5.41 所示。

图 5.41 活动类目

表 5.2　报名要求

店铺要求	商品要求
《天天特价管理规范》变更生效通知： 　　为了提升消费品质，完善市场健康度，让更多特色潜力卖家更好地成长发展，淘宝网将对天天特价管理规范做调整优化。 　　此次变更于2017年9月8日进行公示通知，2017年9月19日正式生效。请各位商家做好活动报名调整准备。 　　具体变更内容如下： 　　1. 报名"类目活动""10元包邮"和"主题活动"的店铺信用等级为"三钻及以上"； 　　2. 近半年店铺非虚拟交易的DSR评分三项指标分别不得低于4.6(开店不足半年的自开店之日起算)； 　　3. 单个频道、区块或大型活动如有特殊招商规则的，适用特殊招商规则。 　　具体变更公告详见：https://yingxiao.bbs.taobao.com/detail.html?spm=a3109.6190702.0.0.VllQn4&postId=8022978。 淘宝网集市店铺： 　　符合《淘宝网营销规则》。 　　报名"类目活动"和"10元包邮"的店铺创建时间为90天及以上；报名"主题活动"的店铺创建时间为180天及以上。 　　报名"类目活动""10元包邮"和"主题活动"的店铺信用等级为"三钻及以上"。 　　已加入淘宝网消费者保障服务且消保保证金余额≥1 000元，需要加入"7天无理由退换货"服务。 　　因出售假冒商品(C类)被处罚的卖家，禁止参加活动。 　　因严重违规(B类)被处罚的卖家，禁止参加活动。 　　报名"主题活动"的店铺主营率≥80%，在线销售商品数≥10件。 　　店铺内非虚拟交易笔数占比达90%及以上，虚拟类目(如生活服务、教育、房产、卡券类等)除外。 　　同一店铺15天内限参加一次天天特价。 　　近半年店铺非虚拟交易的DSR评分三项指标分别不得低于4.6(开店不足半年的自开店之日起算)。 淘宝网魔豆妈妈店铺(以阿里巴巴集团社会责任部公布为准)： 　　非以下款特殊说明的场景，均需遵守《天天特价管理规范》。 　　仅针对魔豆妈妈卖家举办的主题活动，招商卖家必须为魔豆妈妈卖家，其余卖家不可报名。报名此类活动时，魔豆妈妈的店铺信用等级为"1心至5钻"，且不受店铺实物交易占比限制	报名"类目活动""10元包邮"的商品库存为：50件≤宝贝库存≤2 000件；报名"主题活动"的商品库存为：50件及以上，报名商品最近30天交易成功的订单数量≥10件。 　　活动价格低于最近30天最低拍下价格，商品不得有区间价格(多个sku时必须是同一价格)。 　　报名宝贝必须包邮(注：除港澳台地区外，全国包邮。卖家指定快递不能到达的地区，请用EMS或者其他快递包邮送达，不得让买家贴补邮费)。 　　所有提交报名的商品及活动页面素材须确保不存在任何侵犯他人知识产权及其他合法权益的信息。 　　运动户外类目商品需要符合《淘宝网运动户外类行业标准》。 　　食品相关类目商品需要拥有QS商品认证或进口食品中文标签。 　　活动结束后的30天内，不得以低于天天特价活动价报名其他活动或在店铺里促销。若有违反，将按照《天天特价卖家管理细则》进行相应处罚。 　　建议报名宝贝具有价格优势，以及应季、优质、热卖等特点

(3)无线手淘活动。

无线手淘活动与行业营销活动类似,这里只做简单介绍。

无线手淘活动中"我能参加的活动",如图5.42所示。

图5.42 我能参加的活动

在"我能参加的活动"中选择一项,点击"立即报名",如图5.43所示。

图5.43 报名页面

5.2 微　　信

微信,是腾讯公司于2011年1月21日推出的一款通信产品,可以通过网络快速发送免费语音短信、视频、图片和文字,支持单人、多人参与,同时,也支持使用社交服务插件"摇一摇""漂流瓶""朋友圈""公众平台""语音记事本"等。2016年3月1日起,微信支付对转账功能停止收取手续费;同日起,对提现功能开始收取手续费;同年8月,微信获香港首批支付牌照。调查显示,微信在中国大陆的市场渗透率达93%,截至2017年5月,微信于全球拥有超过约9.38亿活跃用户。通过微信销售商品主要有两种渠道,分别是朋友圈和公众号(微店)。

手机下载并安装了微信软件后,可根据个人需要,选择以下方式注册微信:

第一种:(QQ用户)在微信登录界面直接输入QQ号和密码,根据提示完成注册即可。

第二种:(非QQ用户)在微信登录页面,选择"没有QQ号"→"使用手机号注册"→"创建新账号"→输入手机号码,根据提示完成注册即可。(目前支持全球100多个国家手机号码注册微信)

5.2.1 朋友圈

微信朋友圈指的是腾讯微信上的一个社交功能,于2012年4月19日微信4.0版本更新时上线。用户可以通过朋友圈发表文字和图片,同时也可以通过其他软件将文章或者音乐分享到朋友圈。用户可以对好友新发的照片或留言进行"评论"或"赞",同时用户只能看相同好友的"评论"或"赞"。主要有以下几个操作步骤。

第一步,先在手机上下载微信,安装完毕后打开手机上的微信进行注册。如图5.44所示,打开微信,进入到主页面,点击"发现",如图5.45所示。

第二步,打开朋友圈,如图5.46所示。点击右上角的"照相机"图标,如图5.47所示。

第三步,在出现的"拍摄"和"从相册选择"中,点击"从相册选择",如图5.48所示。选择上传所需要的图片,如图5.49所示。

第四步,在方框内编辑所需要描述的文字,点击"发送",如图5.50所示,在朋友圈即可看到刚刚发的最新动态,如图5.51所示。最后,还可以查看朋友圈的留言和点赞的人数。

电商创业实操教程

图5.44 打开微信

图5.45 发现

图5.46 朋友圈

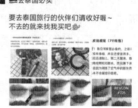

图5.47 上传页面

实验项目5　销售渠道及运营

图5.48　从相册选择

图5.49　选择图片

图5.50　编辑文字

图5.51　朋友圈效果页面

微信朋友圈是一种非常便利实用的营销渠道,无论最终的引流方向是淘宝店铺还是微店,其主要作用就是通过撰写软文和展示卖家秀(或买家秀)来间接促进商品的销售。

5.2.2 公众号

微信公众号是开发者或商家在微信公众平台上申请的应用账号,该账号与QQ账号互通。通过公众号,商家可在微信平台上实现和特定群体的文字、图片、语音、视频的全方位沟通、互动,进而形成了一种主流的线上线下微信互动营销方式。

1. 账号分类

公众号账号分为服务号、订阅号、企业号3种。

服务号是为企业和组织提供更强大的业务服务与用户管理能力,帮助企业快速实现全新的公众号服务平台;订阅号是为媒体和个人提供的一种新的信息传播媒介,帮助构建与读者之间更好的沟通与管理模式;企业号是为企业或组织提供的移动应用入口,帮助企业建立与员工、上下游供应链及企业应用间的连接。

2. 申请服务号

下面以申请服务号为例,讲解店铺的运营。

第一步,进入微信的公众平台官方网站,如图5.52所示,可以通过百度等搜索引擎帮助寻找官方网站。进入官方网站后,找到"立即注册"并直接点击,进入注册界面。选择注册类型,如图5.53所示。

图5.52 微信公众平台

第二步,注册时,个人用户可使用常用的邮箱去注册;企业用户,最好用公司邮箱去注册,这样使用起来更安全。资料全部输入完成后,直接点击"注册"就可以了,如图5.54、图5.55所示。

实验项目5　销售渠道及运营

图 5.53　选择注册类型 – 服务号

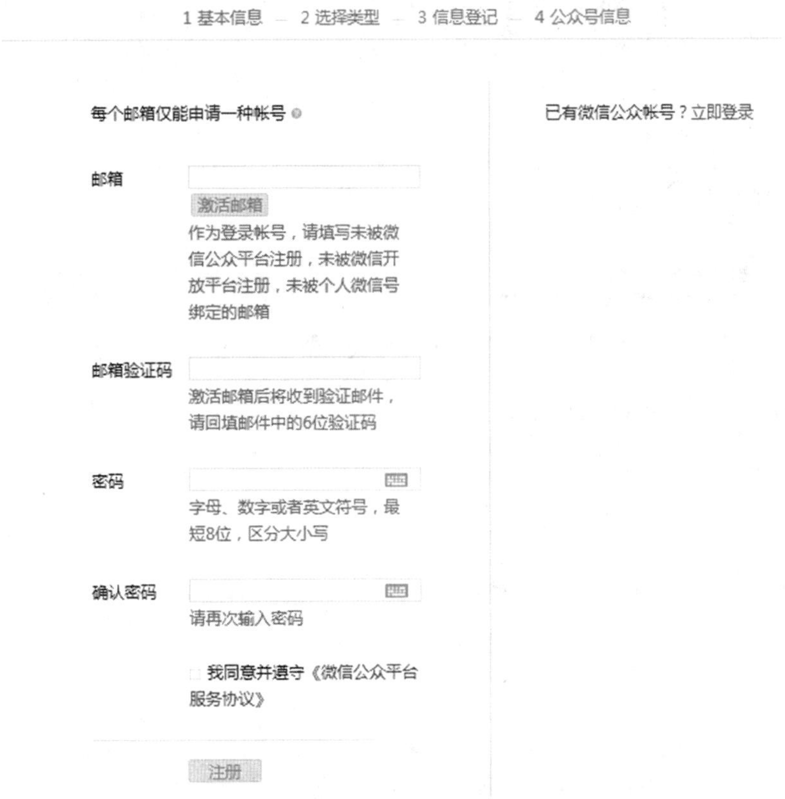

图 5.54　注册页面

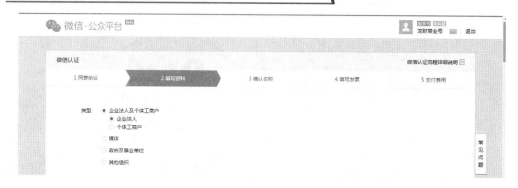

图 5.55　填写类型

第三步,接下来要进行"邮箱激活",如图 5.56 所示,此时要进入我们注册时使用的邮箱里面,找到激活邮件,直接点击激活链接。

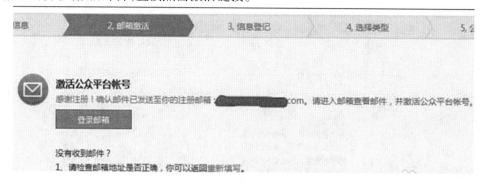

图 5.56　登录邮箱

进入激活页面,如图 5.57 所示。

图 5.57　激活页面

实验项目 5　销售渠道及运营

第四步,通过链接激活后,就可进行信息登记了。这时就要根据企业性质进行运营主体和类型的选择,且这两项是必须要进行确定的。我这里以企业和组织为例来选择。其中最主要的就是手机验证,以保证账号的安全。

填写组织机构代码、工商执照、法人代表,如图 5.58 所示。

图 5.58　填写组织机构代码、工商执照、法人代表页面

第五步,填写运营者信息,如图 5.59 所示。

图 5.59　运营者信息页面

第六步,下载公函,如图 5.60 所示。

图 5.60　下载公函页面

第七步,开通微信支付,如图 5.61 所示。

图 5.61　开通微信支付页面

实验项目 5　销售渠道及运营

第八步，填写联系人信息，如图 5.62 所示。

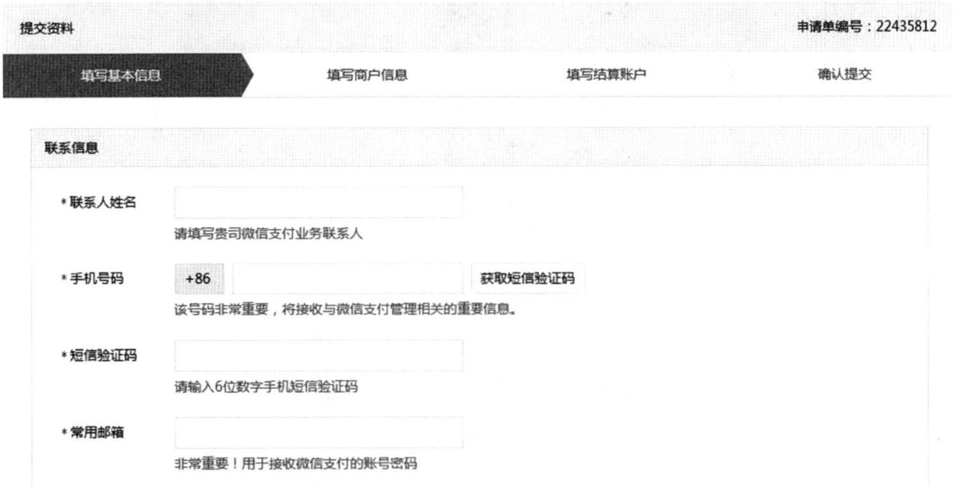

图 5.62　联系人信息页面

第九步，填写经营者信息，如图 5.63 所示。

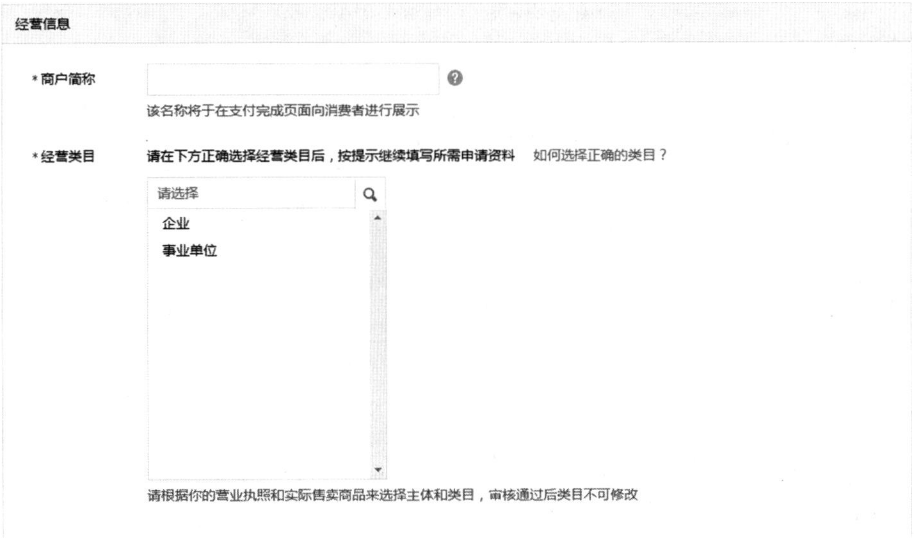

图 5.63　经营者信息页面

第十步，填写商铺信息，如图 5.64 所示。
第十一步，上传工商执照及许可证，如图 5.65 所示。

图 5.64 商铺信息页面

图 5.65 上传工商执照及许可证页面

第十二步,浏览检查基本信息是否有误,如图 5.66、图 5.67 所示。

实验项目5 销售渠道及运营

图 5.66 确认基本信息 1

图 5.67 确认基本信息 2

第十三步,设置结算账户,如图 5.68 所示。

图 5.68　设置结算账户页面

第十四步,确认完成后点击"保存并下一步",如图 5.69 所示。

图 5.69　点击"保存并下一步"

第十五步,注册完成,如图 5.70 所示。

图 5.70　注册完成

5.3　App

App 是英文 Application 的简写,指智能手机的第三方应用程序,由于 iPhone、Android 等智能手机的流行而被广泛应用。比较著名的 App 商店有 Apple 的 iTunes 商店,BlackBerry 的 BlackBerry App World,Android 的 Android Market,还有诺基亚的 Ovi Store,以及微软的应用商城。

"App 营销"与"营销 App"大不相同。

"App 营销" 是 App 能否获得广大用户下载和注册使用,并最终成功的重要因素。"App 营销"的渠道包括应用商店、广告联盟、手机应用媒体、手机应用论坛等。

"营销 App" 是一种可以用于电商宣传的应用软件,通过此类软件可以向固定平台店铺或店铺商品引流,并最终提高店铺的销售业绩。

简单地讲,"App 营销"的目的是推销 App,获得更多的用户,运营商不直接获利而是储备潜在的消费资源;"营销 App"的目的是向电商引流,获得直接的利润。

本书主要讲解"营销 App",这里介绍三款目前比较流行的应用软件:拼多多(优价 - 低价战略)、蘑菇街(优选 - 差异化战略)、火山小视频(互动 - 打赏)。面对千姿百态的消费者,一种营销模式很难包打天下,恰当地细分市场人群,用不同的营销方式迎合不同的客户需求,能够为电商带来最大化的经济效益。拼多多迎合了市场上求廉心理的消费者人群,蘑菇街迎合了市场上求质心理的消费者人群,火山小视频迎合了市场上求互动心理的消费者人群。

5.3.1 拼多多

拼多多成立于 2015 年 9 月,是一家专注于 C2B 拼团的第三方社交电商平台。用户通过发起和朋友、家人、邻居等的拼团,可以**以更低的价格**购买优质商品。2016 年,拼多多在腾讯应用宝发布的"星 App"榜 5 月综合榜单中,一举斩获榜眼位置,与唯品会(唯品会比蘑菇街更高端一些,同属优选类营销 App)共同成为 5 月榜单中两大电商类 App。

拼多多的下载安装主要有以下几个步骤。

第一步,选择应用商店,如图 5.71 所示。安装拼多多,如图 5.72 所示。

图 5.71　应用商店

图 5.72　安装拼多多

第二步,打开拼多多,如图 5.73 所示。拼多多 App 首页,如图 5.74 所示。

第三步,拼多多的后台操作与阿里巴巴的"千牛"(卖家版的阿里旺旺)一样,有专门定制的卖家版拼多多 App,非常适合淘宝店主操作。下载及安装过程如图 5.75 所示。

实验项目 5　销售渠道及运营

图 5.73　打开拼多多

图 5.74　拼多多 App 首页

图 5.75　安装拼多多客服平台

5.3.2 蘑菇街

蘑菇街成立于 2011 年,是专注于时尚女性消费者的电子商务网站,为爱美的女士提供衣服、鞋子、箱包、配饰和美妆等领域的商品,蘑菇街 App 也成为时尚年轻女性购买和互相分享的必备 App。蘑菇街旨在做一家高科技、轻时尚的互联网公司,公司的核心宗旨就是建立购物与社区的相互结合,为更多消费者提供更有效的购物决策和建议。安装方法与拼多多类似。

第一步,下载安装后即可打开软件,如图 5.76 所示。

图 5.76 安装及打开蘑菇街

实验项目 5　销售渠道及运营

第二步,蘑菇街 App 需要微信授权登录,如图 5.77 所示。

图 5.77　微信授权登录

第三步,绑定手机,如图 5.78 所示。

图 5.78　绑定手机

129

第四步,进入蘑菇街首页,如图5.79所示。

图5.79 蘑菇街首页

5.3.3 火山小视频

火山小视频是一款手机社交App,主打15 s短视频和娱乐生活直播。火山小视频致力于打造全国最大的短视频社交平台,通过短视频帮助用户迅速获取内容、展示自我、获得粉丝以及发现同好,并间接起到宣传引流的作用。火山小视频作为应用商店主推的App,其安装过程与拼多多和蘑菇街稍有不同。

第一步,进入应用商店,下载、安装、打开火山小视频,如图5.80所示。

实验项目5 销售渠道及运营

图 5.80 火山小视频下载、安装及主界面

第二步,点击"+"就可以上传视频了。视频可以选择直接用手机录制,也可以选择用专业的摄像机或家用 DV 录制成为影片后,用后期编辑软件剪辑后上传。

实验项目 6
Chapter 6

物流选择

实验目的:学会物流运费的计算和比较,能进行物流流程操作及解决物流纠纷。
实验任务:
(1)了解物流配送方式。
(2)物流运费的计算和比较。
(3)物流运费模板的设置。
(4)物流纠纷的解决。

6.1 物流配送方式介绍

商品售出后,卖家要与物流公司合作,完成运输和配送这一重要环节。选择合适的物流配送方式和好的物流公司对店铺的经营至关重要,下面介绍几种不同的物流配送方式。

6.1.1 邮政发货

邮政是电商卖家合作较多的物流部门,选择邮政发货的主要原因是它的业务网点多,寄递业务覆盖地区广,许多快递公司的业务网点并不覆盖偏远地区,而邮政却不存在这方面的问题。在任何一个城镇和农村,都可以找到邮政的业务网点。很多快递公司的服务范围不包括新疆、西藏、海南、港澳台等地区,选择快递公司送货,上述地区的快递就无法到达,但如果网店开展了邮政平邮业务,许多偏远地区的买家就不会在购物时有此方面的顾虑,能够促进交易的达成。另外,由于邮政发货比快递发货的费用低,所以在跨境电商物流配置中它也被大量使用。当然,从速度上比,邮政发货的速度较慢于快递发货。

邮政设有挂号信、平邮包裹、e邮宝和EMS等多种邮寄方式,不同的邮寄方式产生的费用不同。国内电商销售的普通商品,一般采用平邮包裹邮寄,邮费相对较低。

邮政寄递的信息、政策及资费等的查询,可以通过中华人民共和国国家邮政局的官方网站进行查询,如图6.1所示。

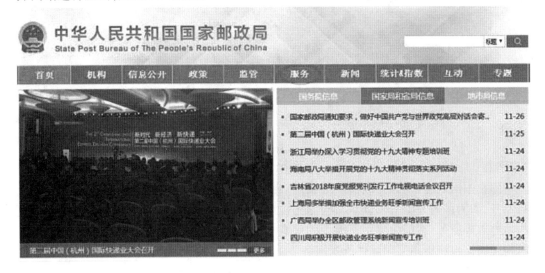

图6.1 中华人民共和国国家邮政局的官方网站

6.1.2 快递发货

快递公司是对目前市场上除了邮政之外的其他快递公司的统称。目前,全国正在进行业务开展的快递公司已经达到了近千家。每家快递公司都运用自己的网络进行快递服务。

快递公司的优势是发货的速度较快,可以让买家尽快收到商品,也可以让卖家尽快完成回款。一般来讲,周边城市1~2天就可以收到货物,其他国内的大中型城市到货时间也只需要2~3天即可。因为快递服务的方便、快捷,许多电商卖家将快递公司作为货物配送的首选合作伙伴。国内常见的快递公司介绍如下:

1. 申通快递

申通快递(图6.2)品牌创建于1993年,是国内最早经营快递业务的品牌之一。经过20多年的发展,申通快递在全国范围内形成了完善、流畅的自营速递网络,基本覆盖到全国地市级以上城市和发达地区县级以上城市,尤其是在江浙沪地区,基本实现了派送无盲区。截至2017年2月,公司拥有独立网点及分公司1 660家,服务网点及门店20 000余家,乡镇网点15 000余家,直属与非直属运转中心及航空部90余个,从业人员超过30万人,每年新增就业岗位近1万个。

电商创业实操教程

图 6.2　申通快递网站

随着中国快递市场的发展,申通快递在提供传统快递服务的同时,也在积极开拓新兴业务,如为国内大型 C2C、B2C 企业提供物流配送、第三方物流和仓储、代收货款、贵重物品通道等服务,在国内建立了庞大的信息采集、市场开发、物流配送、快件收派等业务机构,同时,也积极拓展国际件配送服务。

2. 圆通速递

圆通速递(图 6.3)创建于 2000 年 5 月 28 日,经过 17 年的发展,已成为一家集速递、航空、电子商务等业务为一体的大型企业集团,形成了集团化、网络化、规模化、品牌化经营的新格局,为客户提供一站式服务。

公司拥有 8 个管理区、52 个转运中心、4 800 余个配送网点、5 万余名员工,服务范围覆盖国内 1 200 余个城市。公司开通了中国港澳台、中东和东南亚专线服务,并在中国香港注册了 Cats Alliance Express(CAE)公司,开展国际快递业务。公司立足国内,面向国际,致力于开拓和发展国际、国内快递、物流市场。公司主营包裹快递业务,设置了包括同城当天件,区域当天件,跨省时效件和航空次晨达,航空次日下午达和到付、代收货款,签单返还等多种增值服务产品。公司的服务涵盖仓储、配送及特种运输等一系列的专业快递服务,并为客户量身制订快递方案,提供个性化、一站式的服务。圆通速递还将使用自主研发的"圆通物流全程信息监控管理系统",确保每一单快件的时效和安全。

3. 中通快递

中通快递股份有限公司(图 6.4)创建于 2002 年 5 月 8 日,是一家集快递、物流、电商、印务于一体的,综合实力位居国内物流快递企业前列的大型集团公司。注册商标"中通""ZTO"。

实验项目6　物流选择

图6.3　圆通速递网站

图6.4　中通快递网站

公司已拥有员工10万多人,服务网点5 000余个,分拨中心59个,运输、派送车辆18 000多辆。公司的服务项目有国内快递、国际快递、物流配送与仓储等,提供"门到门"服务和限时(当天件、次晨达、次日达等)服务。

2013年12月,中通快递收购了俄速通20%的股权,开始涉足中俄跨境物流。

4. 百世快递

百世快递(图6.5)的前身是汇通快运。汇通快运成立于2003年,是一家在国内率先运用信息化手段探索快递行业转型升级之路的大型民营快递公司,其对快递的派送流程实行条码扫描和运单核对的方式,为用户提供精准的速递服务。

2010年11月,杭州百世网络技术有限公司成功收购汇通快运,随后更名为"百世汇通",成为百世网络旗下的知名快递品牌。2016年,百世汇通更名,正式以新名称"百世快递"面世。公司现有员工2万人,经营范围为国际、国内快递运输服务。

图6.5 百世快递网站

5. 韵达快递

韵达快递(图6.6)品牌创立于1999年8月,总部位于中国上海,现已成为集快递、物流、电子商务配送和韵达快递仓储服务为一体的全国网络型品牌快递企业,服务范围覆盖国内31个省(区、市)及港澳台地区。2013年以来,韵达快递迈出了国际化发展的步伐,相继与日本、韩国、美国、德国、澳大利亚等国家和地区开展国际快件业务合作,逐步走出国门,为海外消费者提供快递服务。

韵达快递在全国建设了70余个分拨中心,在各分拨中心安装了能够全天候、全方位进行快件安全监控的视频监控系统,实时监控快件操作、分拨和转运情况,确保快件分拨转运安全和时效。在全网络分拨中心推广应用机械化分拨、操作设备,提高了快件分拨、操作质量和效率。全国有40 000余家营业网点(包括公司、服务部、分部、门店),方便客户寄递快件。

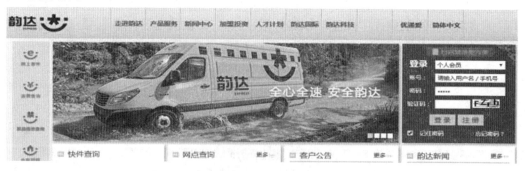

图6.6 韵达快递网站

6. 顺丰速运

顺丰速运(集团)有限公司(以下简称顺丰)(图6.7)于1993年成立,总部设在广东省深圳市,是一家主要经营国内、国际快递及相关业务的服务性企业。

顺丰拥有38家直属分公司、5间分拨中心、近200个中转场、覆盖31个省(包括自治区及直辖市)、逾7 800个基层营业网点、近300个大中城市及逾1 900个县级市或者城镇。此外,顺丰在中国香港、中国澳门、中国台湾、韩国、日本、马来西亚、新加坡及美国都设立网点,或者开通收派业务。

图6.7 顺丰速运网站

7. 德邦物流

德邦物流股份有限公司(图6.8)是国家5A级综合服务型物流企业,主营国内公路零担运输和空运代理服务。公司始创于1996年9月,截至2017年10月,公司有网点近10 000家,服务网络覆盖全国34个省级行政区,在全国转运中心的总面积超过120万平方米。目前,德邦正从国际快递、跨境电商、国际货代三大方向切入跨境市场,已开通韩国、日本、泰国等多条国际线路,全球员工人数超过13万名。

图6.8　德邦物流网站

电商尊享是德邦物流针对电商类客户推出的专属快递服务，其专业安全的快递服务流程，使电商类客户享受行业内高性价比的电商快递服务。德邦物流免费提供电子面单及系统对接服务，免费提供专属人员驻场服务，免费提供送货上楼服务；主动提醒买家在签收前开箱验货；高效处理理赔，24小时闪电赔付。

6.1.3　货运发货

如果邮寄的货物的质量或体积较大、数量较多，平邮和快递的运费会非常贵，这时可以考虑货运发货。货运发货包括公路托运、铁路托运和航空托运3种类型，短途一般采用公路托运，长途一般采用铁路托运和航空托运。

1. 公路托运

公路托运的运费可以先付，也可以到付。货物到达后，货运公司可能会向收货方收卸货费。一般的公路托运不需要保价。发货时，一定要保证收货人电话号码填写的准确性，确保到货时托运公司能顺利地通知收货人。

2. 铁路托运

铁路托运的价格较低、运量较大、速度较快、安全性较高，但是货物只能到达火车站，需要收货人自行到火车站提货。铁路托运的运费需要先付。

3. 航空托运

航空托运速度快，但是费用高，较适合到货时间要求较高或贵重商品的运输，也需要收货人自行到机场提货。航空托运的运费也需要先付。

物流公司将卖家的货物集中到一起，根据货物到达的目的地的不同，统一安排运输。一般根据收货人的地址，将货物运送到目的地的各网点，使收货方可以就近取货。这种方式的运输速度相对较慢，且经过多次的中转，货物很容易破损，因此包装一定要结实。

6.2 物流配送方式的优劣势对比

6.2.1 从发货地区方面比较

邮政发货的到货区域覆盖面广泛,其网点覆盖了一些偏远地区,且工作人员可以将商品送货上门,给买家收货带来了极大的方便。而快递货运无法到达一些偏远的地区和农村,即使有的快递公司的快递服务已经延伸到了一些偏远地区和农村,但是配送的商品只到达各快递网点,由于网点与分散的买家的距离远,货量少,因此各网点不负责将商品送货上门,需要客户自取。采用货运发货的方式,也需要客户自取货物,送货上门需要额外支付送货费。因此,如果将货物运送到偏远地区,邮政发货是首选,非偏远地区的小件货适合快递发货,而大件货适合货运发货。

6.2.2 从发送货物的类型方面比较

对于小件商品,如明信片、打折卡这一类的平面小件商品,可以使用挂号信的方式进行发货,但切记不要使用平信邮寄,因为一旦出现丢失,便无法追查到商品的下落。而像小件的首饰、衣服、化妆品、日用品等类型的商品,可以选择平邮包裹、邮局快包、快递公司、EMS 等多种运送方式。

对于大件商品,像家具、家装用品这一类的大件商品,一般不建议选择快递公司或 EMS 进行发货,因为运费太高,无论是买家还是卖家承担运费,都不够划算。因此,建议选择物流托运的方式进行发货。虽然到货的时间相对于快递发货要慢一些,但可以节省下许多费用,即使送货时需要额外收费,也比快递发货的费用要划算很多。

对于贵重物品,在发货时,一定要挑选信誉比较好、规模比较大的公司,且一定要直接选择正规的物流公司,不要在代理机构处发货,同时选择结实的包装材料以有效保护商品。贵重物品在发货时一定要进行保价。在保价之前要询问清楚:保费是多少,与哪家保险公司进行合作,可以获得多少赔偿。发货的同时一定要提前联系买家,提示买家应在确定商品完好无损时,再签字收货。

6.2.3 从运输的资费方面比较

运输资费的多少需要综合考虑运输距离的长短,货物的质量、体积等因素。总体来看,快递公司的资费是由快递公司自行制定的,可以讨价还价,如果发货量大、议价能力强,可以获得比官网公布的资费便宜很多的优惠。邮政快递的邮费单价有统一规定,资费与快递公司相比没有竞争力。在大件商品的运输中,货运发货的资费优势比较明显。

6.2.4 从到货时间方面比较

不考虑航空运输,以陆路运输为例。快递货运的速度较快,短途运输能实现今发明至,长途运输一般情况下 4~5 天到达;邮政普通包裹的运输速度较慢,配送到偏远地区的客户手中需要很长的时间,一般需要 7 天左右,甚至更长的时间;而货运发货的短途运输到货时间为 2~3 天,长途运输到货时间为 4~5 天。通过比较可以看出,快递货运的到货时间最快,其次是货运发货,平邮包裹的速度比较慢。

6.3 物流运费的计算

在发货前,卖家要综合考虑各种因素来决定发货方式,其中物流运费是卖家考虑的重要因素之一。因此,卖家要比较不同物流配送方式下的运费,以选择质高价廉的物流方式。

6.3.1 邮政普通包裹资费计算

邮政普通包裹资费是由国家邮政局统一制定的,各邮政网点执行统一的价格,其资费的查阅和计算要经过以下几个步骤。

1. 资费分档情况查询

第一步,进入中华人民共和国国家邮政局网站,进行邮政普通包裹资费查询(图 6.9)。邮政普通包裹服务资费的收取,是按照寄递距离的远近将资费标准分为 6 档,每档资费标准的首重(按千克计算)费用和续重费用不同,距离越远资费越高。

图 6.9 "邮政普通包裹资费查询"页面

第二步,单击"邮政普通包裹资费查询",可以显示邮政普通包裹寄递服务资费标准,如图6.10所示。

邮政局普通包裹资费查询

邮政普通包裹寄递服务资费上限标准

单位:元

资费标准		首重1千克	每续重1千克
一档	省份面积小于70万平方公里的省内寄递(新疆、西藏、内蒙古和青海以外所有省份)	5	1
二档	省份面积大于70万平方公里的省内寄递(新疆、西藏、内蒙古和青海四省、自治区)	6	1.5
	相邻省和省会距离不超过500公里的省际寄递	6	1.5
三档	省会距离500~1000公里(含)的省际寄递	7	2
四档	省会距离1000~2000公里(含)的省际寄递	8	3
五档	省会距离2000~3000公里(含)的省际寄递	9	4
六档	省会距离3000公里以上的省际寄递	10	5

注:1公里=1千米,1平方公里=1平方千米

图6.10 邮政普通包裹寄递服务资费上限标准

2. 资费分区情况查询

如果不了解寄递距离的远近,即不清楚资费标准按照哪一档进行计算,可以继续查阅"邮政普通包裹服务资费分区表",如图6.11所示。

邮政普通包裹寄递服务资费分区表

寄出省(区、市)	资费档		寄达省(区、市)
上海市	一档	省份面积小于70万平方公里的省内寄递	上海市
	二档	相邻省和省会距离不超过500公里的省际寄递	安徽省,江苏省,浙江省
	三档	省会距离500~1000公里(含)的省际寄递	福建省,河南省,湖北省,江西省,山东省
	四档	省会距离1000~2000公里(含)的省际寄递	北京市,重庆市,甘肃省,广东省,广西壮族自治区,贵州省,河北省,湖南省,吉林省,辽宁省,内蒙古自治区,宁夏回族自治区,山西省,陕西省,四川省,天津市
	五档	省会距离2000~3000公里(含)的省际寄递	海南省,黑龙江省,青海省,云南省
	六档	省会距离3000公里以上的省际寄递	西藏自治区,新疆维吾尔自治区

注:1公里=1千米,1平方公里=1平方千米

图6.11 邮政普通包裹寄递服务资费分区

通过图6.11可以看到从上海市寄递全国不同区域的资费分档情况。

3.运费计算的举例说明

例如,一件商品的质量为3千克,如果通过邮政普通包裹寄递,将货物从上海运到江苏省,其运费的计算如下:

从上海市到江苏省,属于"相邻省和省会距离不超过500公里的省际寄递",属于资费档中的二档,即首重1千克6元,每续重1千克1.5元,所以运费(不包括包装费用等)为 $6+(3-1)\times 1.5=9$ 元。

6.3.2 快递运费计算

1.快递运费的计算方法

目前物流市场上的快递公司很多,各家快递公司的资费情况不尽相同,如果要了解各快递公司的快递资费情况,可以通过各快递公司的官网进行查阅。下面以申通快递为例,介绍快递运费的查询和计算。

(1)在申通快递的官网首页中找到"运费查询"项,如图6.12所示。

图6.12 申通快递官网首页

(2)在"运费查询"页面输入邮寄地址信息、物品质量及寄件时间等,就可以查询到运费的参考价格及预计到达时间。

从图6.13可以看出,申通快递寄递的现付参考价格为39元。

实验项目6　物流选择

图6.13　申通快递运费查询页面

参考价格不一定是实际支付价格,实际支付价格可以与各网点议价,通过电话沟通。哈尔滨市申通快递公司业务员提供的资费情况为:货物首重(1千克)费用是10元,续重费用每千克8元,如果一件商品的质量为3千克,通过申通快递寄递,将货物从哈尔滨市运到南京市,其实际运费为:10 + (3 − 1) × 8 = 26元。

网上查询的参考价格(39元)之所以比网点业务员所报的价格(26元)高,是因为网上的参考价格包含了上门取货的费用。

如果寄递的货量较大,还可以与快递公司议价,运费还有一定的下调空间。

如果寄递的是轻泡货,还要测量货物的体积,将体积换算成计费质量,再计算运费。

根据国际航空运输协会(IATA)规定,轻泡货的计费质量按货物长×高×宽(cm)÷6 000计算(不规则货物,包括圆锥、圆柱状物体,按长方体计算,为长、宽、高三个方向的最大尺寸相乘)。非航空件轻泡货计费质量按同等体积的航空件轻泡货质量减半计算。

2. 各快递公司运费的比较

各快递公司的运费受运输的到达地区、货物质量、货物体积因素的影响,运费的差异很大。下面介绍一种简便的比较快递费用的途径。

(1)打开快递小帮手网站(www.chakd.com),选择"运费及网点查询"项,如图6.14所示。

(2)输入出发地、到达地及货物的质量信息,即可查询各快递公司的运费等相关情况,如图 6.15 所示。

图 6.14　快递小帮手网站

图 6.15　运费及网点查询页面

如将出发地设为哈尔滨,到达地设为大连,货物的质量设为 3 千克,点击"快递查询",得到的查询结果如图 6.16 所示。

↓点击下面公司显示对应公司的联系方式、派送范围、不派送范围及备注	元/运费	天/时间	是否到付
e邮宝快递公司哈尔滨市分公司 3分 → e邮宝快递公司大连市分公司 3分	27元	3天	否
宅急送快递公司哈尔滨市分公司 3分 → 宅急送快递公司大连市分公司 2分	20元	3天	否
EMS快递公司哈尔滨市分公司 2分 → EMS快递公司大连市分公司 3分	50元	3天	否
哈尔滨市中通快递公司 3分 → 大连市中通快递公司 2分	27元	3天	否
中诚快递公司哈尔滨市分公司 2分 → 中诚快递公司大连市分公司 4分	24元	3天	否
天天快递公司哈尔滨市分公司 2分 → 天天快递公司大连市分公司 2分	35元	3天	否
哈尔滨圆通快递公司 2分 → 大连圆通快递公司 2分	26元	3天	是
全一快递公司哈尔滨市分公司 2分 → 全一快递公司大连市分公司 0分	36元	3天	否
佳吉快递公司哈尔滨市分公司 3分 → 佳吉快递公司大连市分公司 3分	27元	3天	否
大田快递公司哈尔滨市分公司 0分 → 大田快递公司大连市分公司 0分	44元	3天	否
汇通快递公司哈尔滨市分公司 2分 → 汇通快递公司大连市分公司 2分	27元	3天	否
哈尔滨申通快递 3分 → 大连申通快递 2分	40元	3天	否
长宇快递公司哈尔滨市分公司 0分 → 长宇快递公司大连市分公司 0分	27元	3天	否
长发快递公司哈尔滨市分公司 0分 → 长发快递公司大连市分公司 0分	30元	3天	是
韵达快递公司哈尔滨市分公司 2分 → 韵达快递公司大连市分公司 2分	31元	3天	否

图 6.16　运费及网点查询结果

通过查询，可以比较各快递公司的运费情况及到达时间。如果点击图6.16中的某个具体的快递公司，即可以显示该公司的联系方式、派送范围、不派送范围及备注情况。

在快递公司的选择中，不能单纯考虑选择运费低的快递公司，还要考虑网点覆盖范围广等因素，所以说，没有最便宜的快递，只有最适合的快递。

6.3.3 货运发货运费的计算

1. 货运公司的计费单位

货物的总运费是由一个计费单位乘以运费单价来决定的，而货运公司的计费单位虽然是公斤（1公斤＝1千克），但这个公斤数却并不是用磅秤计量出来的，而是通过计算"体积质量"确定的。

"体积质量"的标准计算公式是：货物的体积质量（公斤）＝货物的体积（长（cm）×宽（cm）×高（cm））/6 000。也就是说，6 000立方厘米体积的货物相当于1公斤来计算运费。换算过来，1立方米体积的货物要按照167公斤计算运费。按照物理质量与体积质量择大计费的原则，如果货物的质量一定，比重小而体积偏大，如棉花、编织工艺品等，那么应当测量货物的体积，根据标准公式计算出体积质量，然后，将货物的实际质量与体积质量做比较，"择大录取"，作为计费质量，再乘以每公斤的运输价格就得出了应收运费。

2. 运费计算

先要计算货物的体积质量，然后在体积质量和实际质量两者中选择大者，然后用计费质量乘以运费单价即为总运费。

例如，一台古筝的体积是2.1立方米，实际质量是22公斤，体积质量35公斤。货物从黑龙江省运往辽宁省，若采用德邦物流，每公斤货物的运费是1.18元，则总运费的计算如下：

根据择大计费的原则，货物的体积质量是35公斤，实际质量是22公斤，35公斤大于22公斤，因此选择35公斤作为计费质量，则总运费为：$1.18 \times 35 = 41.3$元。

6.4 物流操作流程

电商平台中通常制定包邮价。下面以包邮价为例，讲解物流操作流程。

6.4.1 安全定价法与包邮价

包邮价的制定以安全定价为基础，而安全定价＝成本＋运费＋利润，物流成本的多少影响着卖方的定价，分摊到单个商品上的物流成本会随着寄递商品数量的增加而减少。随着寄递商品数量的增加，单个商品的运费会减少。

N 组商品成本 $+N$ 组商品的运费 $+N$ 组商品的利润
$\leq N \times$（1 组商品成本 + 1 组商品的运费 + 1 组商品的利润）

商品的成本随 N 组商品数量增加而降低。（图 6.17）

确定单个商品的安全定价后，包邮价应该不低于该安全定价。

图 6.17　1688 供应商供应价格页面

商品的运费随 N 组数量增加而降低。

下面以 1688 供应商提供的价格为例，分别计算 30 件和 60 件热贴的单位商品运费。

（1）单位商品运费为 4.00 元 ÷ 30 贴 ≈ 0.13 元/贴（图 6.18）。

此热贴的成本是每件 0.25 元，如果发 30 件商品，每件商品的运费是 0.13 元，假定利润为 20%，设安全定价为 x，则安全定价为 $0.25 + 0.13 + 20\% \cdot x = x$，$x = 0.475$ 元。

（2）单位商品运费为 4.00 元 ÷ 60 贴 ≈ 0.067 元/贴（图 6.19）。

同理可得，安全定价 $x = 0.396$ 元。

图 6.18　1688 供应商运费页面（数量 30）

实验项目6 物流选择

图 6.19　1688 供应商运费页面(数量 60)

6.4.2　物流模板设置

安全定价法是制定包邮价的基础。当一个订单产生后,卖家可以设置运费模板。下面以包邮价为例介绍包邮运费模板的设置。

第一步:进入淘宝网的"卖家中心",如图 6.20 所示。

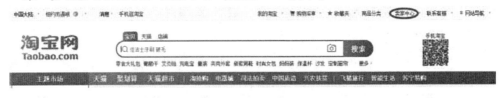

图 6.20　淘宝网卖家中心登录页面

第二步:在左侧"物流管理"选项下选择"物流工具",如图 6.21 所示。

图 6.21　物流工具页面

147

第三步:选择"运费模板设置"选项,如图 6.22 所示。

图 6.22　运费模板设置页面

第四步:选择"新增运费模板"选项,如图 6.23 所示。

图 6.23　新增运费模板设置页面

第五步:填写信息,具体设置示例各项参数,如图 6.24 所示。

图 6.24　运费模板设置示例

第六步,点击保存,运费模板设置成功。

6.5　物流纠纷处理

物流是维系淘宝卖家和买家的一个重要枢纽,也是最容易产生纠纷的一个环节。纠纷常常会给卖家带来许多烦恼,因此应做好物流纠纷的预防。一旦发生物流纠纷,应妥善地解决。

6.5.1　物流纠纷的预防

1.选择优质的物流公司

选择卖家所在地口碑和服务最好的物流公司,如要选择发货、到货速度快,服务态度好,货物的丢件率和破损率低,物流问题解决效率高的物流公司。卖家可以在与物流公司的合作中不断筛选优质的物流公司。对于新手卖家,可以通过资料收集、市场调查等方式获取相关信息以进行选择。

2. 告知顾客与物流有关的信息

物流相关的信息比较琐碎,告知顾客的渠道相对来说比较窄。为了能让每一个顾客都接收到这些信息,建议把物流信息放入到商品描述页面里传达给买家,信息中应明确买家最关心的一些问题,如发货时间、发货的快递公司、签收注意事项等。

3. 不要对买家做太多到货时间的承诺

一般情况下,买家都会询问几天能收到货。现在的快递运送时间基本上为:全国大范围内是2~4天到货,偏远一点的地区要4~5天,同城的是今发夕至。可以这样回答买家:一般是3~5个工作日送到。因为快递员周末派件都不是很积极,以此来给自己留有最大的余地,不要把自己逼得出一点点意外的时间都没有,那就太被动了,要知道,快递晚点的可能性是很大的。时间说长点,一是给买家一个心理准备,二是让自己不至于太被动,三是如果商品提前到的话,买家会很高兴。

4. 做好与物流公司的磋商与沟通

跟物流方面谈好要出现问题的话怎么解决,遵循平等合作的原则。如晚到的情况怎么解决,磕碰碎裂的情况怎么解决,态度不好怎么解决等,最好都达成文字协议,出现问题后都可按协议来解决。这样有助于卖家帮助买家妥善解决物流问题。

5. 提示买家做好签收工作

目前淘宝的新买家太多,也有很多买家没有签收验货的经验,在收货后造成很多纠纷,卖家应提醒买家在签收时注意如下事项。第一,确定自己提供的收货地址本人能够亲自签收货物,注意单位地址与家庭住址要区分开。第二,快递将送达前,做好本人能签收的准备,签收人、委托签收人最好能当着送件员现场验货,发现货物有问题直接拒收。所有快递公司的免费配送次数是两次正常派送,对于所有送一次就拒绝派送的快递包裹客户完全可以投诉。

6.5.2 物流纠纷的处理

1. 快速反应,热情接待

一般来讲,物流纠纷产生的原因有货到延迟、买家未收到货、货物损坏等。如果发生物流纠纷,卖家应该快速地了解产生纠纷的原因,例如,如果买家没有收到货,卖家可以通过网上物流跟踪查询或与物流公司沟通,确定货物运输在哪个环节出了问题,及时向买家解答。卖家应设身处地地为买家着想,尽可能为买家提供满意的解决方案。

2. 向买家提供有效的解决方案

建议向买家提供两种以上解决方案(退款或重寄等)以供选择,这样可以有效改善买家的不良感受并提高解决问题的效率。根据不同情况的物流纠纷,卖家应采取适宜的、尽可能让买家满意的解决方案。例如,如果货到延迟,可考虑采取给买家价格减让或优惠券的方式解决;如果货物未送到或有破损,可考虑采取退货或重寄的方式解决。不管采用何种方法,都要以改善买家的不良感受为目的,说服买家不要给予中、差评。

3. 妥善解决退货问题

若买家执意要退货,在与买家协商一致退货时,应注意以下事项。第一,联系买家,告知其在退货时,应在包裹上注明ID及商品实际退货原因。第二,签收退回的货物时,应及时验货,确认签收。第三,若在签收时发现包裹异常,应主动联系买家,告知具体情况,并做好取证工作。第四,若退回的商品无误,请及时退款给买家,以免造成投诉升级。

实验项目 7

Chapter 7

客户服务

实验目的:了解电商客服的职责和应具备的专业知识,并掌握电商客服日常工作应注意的问题。

实验任务:

(1)电商客服应具备的专业知识和技能的掌握。

(2)能做好售前、售中和售后服务。

电商客服是指通过网络为买家提供答疑解惑、快件查询、售后服务等在线服务的专职工作人员。网店客服的实质是网店的一种服务形式。网店客服可通过与买家的交流,了解买家的需求和喜好,解决买家面临的问题,促成交易,并通过与客户关系的维护,为店铺争取更多的客户资源。

7.1 电商客服的职责

电商客服的职责主要有 4 个方面。

1. 熟悉产品

通过岗前培训熟悉产品,了解产品相关信息。对于客服来说,熟悉店铺产品是最基本的工作。客服应对于产品的特征、功能、注意事项等做到了如指掌,这样才能流利地解答客户提出的各种关于产品信息的问题。

2. 接待客户

接待客户首先要了解顾客需求。一个优秀的客服懂得如何接待好客户,会用常用的接待用语,同时还能引导消费者进行附带消费;懂得如何消除客户疑虑,使用解答技巧。针对顾客提出的问题,能运用解答的技巧,形成客户对问题的认知。

3. 核对买家信息,发出发货通知

客服要及时查看商品数量,因为店铺页面上的库存跟实际库存是有出入的,所以客

服需要查看商品的实际库存量,这样才不会出现因缺货而无法发货的情况。买家下单付款后,客服要与客户核对收件信息。虽然大部分买家在购买商品的时候,地址都是正确的,但也有买家会有收件信息发生变动而忘记修改信息的情况发生。有时候客户订单信息或者收件信息有变动,那么作为客服来说,就有义务将变动反馈出来,使制单的同事知道这个订单信息有变动。货物发出去之后,客服应用旺旺给买家发信息,告诉客户包裹已经发出,这也可以增加客户对你店铺的好感度。

4. 客户关系维护

客服人员要处理买家的中、差评。中、差评并不可怕,可怕的是不去处理。当发现有中、差评的时候,客服应尽快跟客户沟通,看看是什么原因导致的。客户不会无缘无故给你中、差评,对于一些通过恶意评价来获得不当利益的买家,就要注意搜集信息,以便为后面的投诉搜集证据。另外,要对店铺老客户以及高价值客户的关系进行维护。

7.2 电商客服应具备的专业知识

7.2.1 商品专业知识

1. 商品知识

客服应当对商品的种类、材质、尺寸、用途、注意事项等都有所了解,最好还应当了解行业的有关知识,商品的使用方法、修理方法等。

2. 商品的相关知识

商品可能会适合部分人群,但不一定适合所有人。如衣服,具有不同的年龄、生活习惯及需要的买家,适合不同的衣服款式;又如有些玩具不适合太小的婴儿。这些知识都需要客服人员有基本的了解。

7.2.2 网站交易规则

1. 淘宝交易规则

客服应该把自己放在一个买家的角度来了解交易规则,以便更好地把握交易的尺度。有的顾客可能是第一次在淘宝交易,不知道该如何操作,这时客服除了要指点顾客去查看淘宝的交易规则外,有时还需要一步一步指导顾客操作。

此外,客服人员还要学会查看交易详情,了解如何付款、修改价格、关闭交易、申请退款等。

2. 支付宝的流程和规则

了解支付宝交易的原则和时间规则,可以指导顾客通过支付宝完成交易、查看支付宝交易的状况、更改现在的交易状况等。

7.2.3 付款知识

目前网上交易一般通过支付宝和银行付款方式完成。银行付款一般建议同行转账,可以通过网上银行付款或柜台汇款,同城可以通过 ATM 机完成汇款。

客服应该建议顾客尽量采用支付宝方式完成交易,如果顾客因为各种原因拒绝使用支付宝交易,需要判断顾客确实是不方便还是有其他的顾虑,如果顾客有其他的顾虑,应尽可能打消顾客的顾虑,促成采用支付宝方式完成交易。

7.2.4 物流知识

(1)了解不同物流方式的价格:如何计价、价格的还价余地等。

(2)了解不同物流方式的速度。

(3)了解不同物流方式的联系方式,在手边准备一份各个物流公司的电话,同时了解如何查询各个物流方式的网点情况。

(4)了解不同物流方式应如何办理查询。

(5)了解不同物流方式的包裹撤回、地址更改、状态查询、保价、问题件退回、代收货款、索赔的处理等。

7.3 电商客服日常工作注意事项

7.3.1 做好售前服务,稳住客户

1. 积极回复买家的提问

顾客首次到访打招呼的时间不能超过 15 秒;打字速度要快,至少要达到 50 字/分钟,且不能有错别字;每次回答顾客问题,顾客等待时间不能超过 20 秒;如回答太长,宜分次回答;卖家可以考虑进行提示音的设置或设置自动回复功能,及时回复买家的提问,但应注意的是,自动回复会让买家感到不被重视。在回复中要重视每一位客户,并重视每一个买家的留言。

2. 客观地向买家介绍商品

向买家介绍商品要实事求是,不能虚夸。网络上的交易是看不见、摸不到的,因此更多的时候是凭借交易双方的信任。在介绍商品时,不要夸大商品的实际内容,对于商品的一些缺陷或不足之处,也应该坦诚相告。买家并不一定会因为这些小缺陷而放弃购买商品,反而会加深对店铺的信任。如果客服人员对商品不太了解,可以通过向厂商、批发商的营业人员询问,参观展示会及工厂,亲自试用等途径了解商品。

3. 耐心沟通

在与买家沟通时,应注意以下几个方面。

第一,多向客户推送微笑图片。微笑是良好的服务态度的最直观体现。虽然在网络中交流看不到对方的表情,但可以通过表情图片进行解决。当顾客进店时,第一时间发送出笑脸的表情符号,配合"××店铺欢迎光临"的字样,让买家感受到自己被重视。当顾客离店时,不要忘记发送"感谢您的光临"等字样,无论顾客这一次是否购买,都会给其留下良好的印象。

第二,使用礼貌用语。在与买家进行沟通时,一定要注意使用礼貌用语,例如:"欢迎光临,请问有什么可以帮到您?"用亲切的话语换来买家的好感,即使买家只是随便进来逛逛,当下次需要购买商品时,也会因为你的礼貌而选择你的店铺。

第三,懂得倾听和复述。当买家选购商品时,客服人员要仔细倾听买家的需求,并可以进行适当的询问,了解买家购买商品的用途,对买家的需求进行复述和确认,从而给出合理的推荐。买家的一个小小建议甚至能对店铺起到很大的帮助。

4. 常见问题解答方法

对于买家提出的常见问题,客服人员要掌握解答的方法和技巧,也可以预备好常见问题的答案,以保证快速、恰当地回答买家的提问。常见问题及答复有以下几种情况。

问题1:

顾客:

你家卖的是正品吗?

客服:

答复一:我家网店是以公司名义开设的,运营时间长、口碑好,评分高于同行业,您可以放心购买的。

答复二:(反问)您也许是第一次到商城或第一次到我家店铺查看商品吧?我们是官方商城评估验证后批准的第一批元老店铺呢,商品您可以放心购买的。

答复三:亲,本店都是自营自销产品,所有商品均为正品销售。

问题2:

顾客:

价格能再少点吗?能打折吗?

客服:

答复一:(如果价格没有下降的空间)我家是厂家直销,价格已经是最低优惠哦。

答复二:(如果价格没有下降的空间)售价是公司出台规定的,我们客服是没有权利议价的,希望理解哈!

答复三:(如果价格有下降的空间)亲,您能买多少,要邮寄到哪里?(再考虑如何降价)

问题3：

顾客：

你们家卖得挺贵的啊？能不能送个小礼品？

客服：

答复一：呵呵，不知道您是不是在和我们开玩笑啊？贵与不贵是相对的，我们店不是靠低价起家的，如果您愿意的话，我们更乐意为您提供一种有价值的服务。

答复二：公司在节假日都会有一些促销活动，回馈新老顾客，但促销类型也很多，不一定就是送礼品，届时您可以积极关注一下。大家彼此理解哈！

问题4：

顾客：

如果价格再不便宜的话，我就看看其他家的产品了。

客服：

答复一：您真的认为我们价格很贵吗？是觉得和您的心理价位有差距呢，还是别家售价比我们低呢？

答复二：(顾客的回答如果属于心理价位，就缓和一下气氛)这样吧，我们聊来聊去，都挺辛苦，我也看出您买这款商品的诚意了，算了，真是磨不过您呀，我帮您申请一个小礼品吧。其他人可是没有这样机会的哦。

答复三：(顾客的回答如果属于竞争对手价位低)哦，竞争对手这样的价格呀，也太低了呀，换了我，我还真不敢买哟。价格是不能再低了，这样吧，我帮您申请一个代金券吧，其他顾客可是没有这样的特别照顾哦。

问题5：

顾客：

能不能给包邮？

客服：

答复一：

我们是全场满200就包邮的。(如果顾客特别希望，或非常直接地说没有免邮就不买了)

答复二：

您购买的商品已经满200元了，可以帮您申请一下包邮，但不能保证一定会批下来。(先给个心理暗示，再告知买家批下来了，顾客喜悦程度会超过期望值，体验是不一样的，会更认同我们，所以要灵活应用200元免邮政策)。

7.3.2 做好售中服务，提高客户满意度

1. 对新手买家做必要的指导

新手买家对网购模式了解不多，在线上购买的过程中会遇到各种问题，客服人员要

根据自己的经验判断,确定买家为新手买家时,要主动为买家提供必要的指导,使买家顺利完成交易,同时也有可能使其成为忠实买家。

2. 核对买家信息,发出发货通知

买家下单付款后,要与其核对收件信息,以确保邮寄地址的正确,特别是当买家的信息发生变动时,客服一定要做好记录。

商品拍下却未付款的客户,如果是在线的客户,可以在下午的时候,给客户发个信息提醒其快到发货时间了,如果现在付款的话,今天就可以发货。有些客户可能下单后忘记付款了,客服可以稍微提醒一下,买家就会马上付款了。对于那些没打算购买,只是一时冲动拍下商品的客户,可以手动关闭订单。

7.3.3 做好售后服务,提高买家的回购率

1. 处理中、差评

(1)处理中、差评的流程。

第一步,查看中、差评。

在卖家后台"我的评价"里,查看中、差评。

第二步,记录中、差评信息。

建立一个 Excel 表格,把需要处理的中、差评记录在表格中,需记录内容如图 7.1 所示。

A	B	C	D	E	F	G
旺旺名	宝贝	评价	评价内容	处理状态	是否修改	程度
小屋宝宝	gfive	差评	发货速度很慢,快递也很慢。手机一般	已电话联系,下午4点会修改		一般
quwencao	gfive	差评	我就是因为看了卖家的广告说是现货比例	待处理		严重

图 7.1 中、差评信息记录表

表格记录的内容一般为:旺旺名、所购买宝贝、评价(中评或差评)、评价内容(如实记录买家的评价)、处理状态(备注联系客户后的结果状态,如电话联系答应××时候修改、打款××元修改或已旺旺联系修改)、程度(根据评价内容判断严重程度)。

①评价字数较少,问题简单的,严重程度一般,如物流慢、服务差或漏发东西等。

②字数较多并有两个问题以上的则为中等,如服务差、手机又有问题等。

③评价字数非常多并有两三个以上问题的则为严重,如客服回复慢又漏发、发货慢补发也慢,又列举了产品的问题,还有截图的,等等。

可以用文字或颜色将不同的评价内容标注清楚,如图 7.2 所示。

旺旺名	宝贝	评价	评价内容	处理状态	是否修改	
小星宝宝	gfive	差评	发货速度很慢,快递也很慢,手机一般,	已电话联系,下午4点会修改		注:红色为严重
quwencao	gfive	差评	我就是因为看了卖家的广告说是现货比别	待处理		橙色为中等
小小小敏子oy	gfive	差评	气死我了,手机充电是热到快爆,都算了过	待处理		绿色为一般

图7.2　中、差评内容标注

第三步,搜索中、差评客户。

复制所有需处理的中、差评客户并在后台搜索。点击联系客户旺旺,在旺旺聊天窗口中全部都有。

第四步,联系客户,处理中、差评。

评价程度严重的先处理。查看聊天记录,了解客户情况,旺旺在线的旺旺联系,不在线的则电话联系(电话联系一般在早上10点左右或下午4点后)。

第五步,了解客户情况后,电话联系时,先问好并介绍下自己,再根据客户的问题来帮他解答或进行安抚,然后再问是否能修改评价,何时能修改等问题。如客户不愿意修改评价,则需要跟客户协商,以给对方现金红包或优惠券等方式作为交换。

示例:您好,请问是×××先生吗？我是×××店铺的售后人员,不好意思打扰您了,您之前在我们店里买了×××产品,您还记得吗？我这边了解到您在产品的使用中遇到点问题是吧。(就客户的问题进行提问,然后帮他解决,如并不了解客户的问题,可以询问是否在使用中有哪里不清楚。)如果您使用中有什么问题的话可以随时联系我们,我们会在第一时间帮您解决的。

我这边看到您给了我们一个差评,能不能请您帮我们删除呢？现在方便上线修改一下吗？什么时候方便呢？那麻烦您了,谢谢哈！祝您生活愉快,再见！

已修改的评价要注明,未修改的第二天继续跟进,尽可能通过与客户的沟通,使客户理解我们的歉意和诚意,修改中、差评记录。

(2)引导买家修改中、差评。

中、差评是不可避免的情况,很多中、差评是由误会引起的,在卖家跟买家沟通后都能得到修改。

作为卖家,在收到买家的中、差评时,千万不要盲目抱怨甚至投诉买家,这样只会激怒对方,反而使问题无法解决。卖家要先冷静客观地分析一下情况,如果确实是自己的过错,要诚恳地跟买家道歉,承认已方的过失,在达成一致意见后,卖家可以礼貌地要求买家做出评价修改。如果买家不知道如何修改,卖家应详细地告知对方修改评价的方法。如果买家不愿意对评价做出修改,也要保持理性的态度。

2. 客户关系管理

卖家要对在店铺产生过购买行为的消费者进行客户管理,将他们的个人信息和消费情况整理成表格,作为客户档案登记在册。通过对客户购买行为的分析,找到商品自身的优势和劣势,分析出热销商品和滞销商品;分析客户群的消费行为,找出主要客户群的特征,分析主要客户群和次要客户群的购买心理,扬长避短,发挥店铺的优势,弥补和修正不足的地方,进一步促进店铺的良性发展。

日常运营方面要做的客户关系管理主要分为建立客户档案和客户关系维护。

(1)建立客户档案。

建立客户档案后,卖家可以随时查询顾客的消费记录和会员折扣,可以从顾客的购物清单和购物频率上分析他们的消费习惯以及消费心理,以便及时跟进各种促销宣传,或者推出顾客感兴趣的优惠活动。可以使用一些如"网店管家"的网店管理软件来建立客户档案,也可以自行设计一个 Excel 表格来录入客户资料。档案中需要列明的项目主要有交易日期、顾客 ID、真实姓名、电子邮箱、联系电话、收货地址、购买商品、成交金额、购物赠品、会员级别等。

(2)客户关系维护。

客户群是商家的重要资源,也是店铺的核心竞争力之一,做好日常的客户管理和维护,可以有效地提高顾客的忠诚度,增加店铺的黏性。

①买家级别设置。

卖家可以根据不同的交易金额和交易笔数,对买家进行划分。在添加买家为好友的基础上,对买家进行分组,如分为 VIP 买家或高级买家等,给予买家不同的优惠折扣,以维护老顾客和增加店铺吸引力。

②客户回访。

根据查询百度搜索相关信息,开发一个新客户的成本大约是维护一个老客户成本的 6 倍,可见维护老客户是何等的重要。定期对客户进行回访,意在通过提供超出客户期望的服务来提高客户对商家或产品的美誉度和忠诚度,从而创造出新的销售机会。客户回访分为周期性回访和节日回访。商家若进行周期性回访,询问客户对商品和服务的感受,可以表达出卖家良好的服务态度和职业精神。卖家也可以在重大节日前回访客户,向他们传达节日问候和祝福,特别是对于经营重复消费品的商家来讲,客户回访不仅可以得到客户的认同,还可以创造客户价值。

通过这些售后关怀来使商品和企业的服务行为增值,借助老客户的口碑来提升新的销售增长,这是客户开发成本最低也是最有效的方式之一。

③新品通知。

在交易圆满完成之后的回访中,询问客户是否介意收到店铺的新品通知和促销信息,如果客户的反应是积极的,在有新品上架或者店铺推出促销活动时,就及时用阿里旺旺或其他沟通方式通知他们。但是新品上架通知和店铺促销活动要设计巧妙,一切要从客户角度来考虑,这样才能创造出良好的销售业绩。

模块三　外贸电商创业实践

实验项目 8

Chapter 8

开通全球速卖通店铺

实验目的:了解全球速卖通开店的流程。

实验任务:进入全球速卖通官网首页,按照流程注册一个属于自己的速卖通店铺账号并绑定邮箱,不要求绑定支付宝和考试。

开通速卖通店铺的顺序为:开店准备、账号注册、实名认证、开店考试、资质审核。

8.1 开店准备

全球速卖通是目前跨境电商领域发展最快的零售销售平台,该平台被称为"国际版淘宝"。在速卖通平台销售商品需要入驻平台,开通店铺。随着跨境电子商务发展日趋完善,速卖通平台也随之不断发展和完善。为了更好地了解平台要求,需要了解有关速卖通平台入驻的流程及要求。速卖通平台入驻流程有以下几个步骤。

第一步,登录速卖通官网(http://seller.aliexpress.com/)(图8.1)。

图 8.1 进入速卖通官网

加入速卖通，成就品牌出海

图 8.1 进入速卖通官网(续)

第二步，点击"AliExpress 全球速卖通 2018 年卖家（中国）招商规则"，进入招商平台首页后，了解入驻要求，如图 8.2 所示。

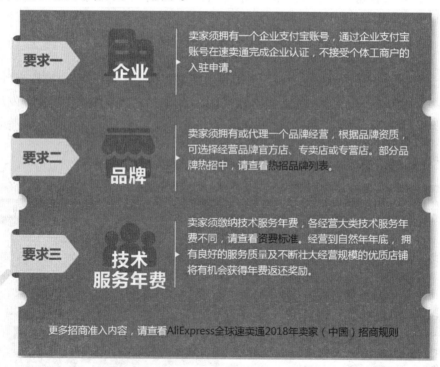

图 8.2 了解入驻要求

第三步，入驻速卖通店铺共分为 5 个阶段，如图 8.3 所示。

五步走轻松入驻全球速卖通

STEP 1 开通账号

请使用企业身份进行卖家账号注册。

STEP 2 提交入驻资料

产品清单

请进入招商准入系统点击【我要入驻】按钮选择你需要的经营大类下载产品清单，填写并上传，等待平台审核通过。产品清单FAQ

类目资质

请在招商准入系统里继续提交您想要经营的类目和店铺类型准备相关的类目材料，等待平台审核通过。各行业的材料需求可点击此处查询。

商标资质

请在招商准入系统里进行商标资质申请，等待平台审核通过。若您的商标在商标资质申请页面查询不到，请在系统内进行商标添加。

STEP 3 缴纳年费

请在招商系统内根据所选的经营类目缴纳对应的年费。资费标准参见《速卖通2018年度各类目技术服务费年费及考核一览表》。

图 8.3　入驻步骤

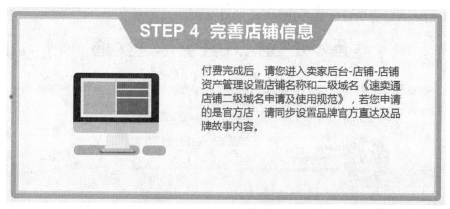

图 8.3　入驻步骤(续)

在全球速卖通平台,不同的速卖通店铺类型入驻平台时的开店企业资质、平台允许的店铺数、单店铺可申请品牌数量以及需提供的材料方面均有不同的要求。

主要有以下两种说明。

(1)企业标准。

合法登记的企业用户,在能够提供速卖通入驻要求的所有相关文件后方可入驻。不接受个体工商户等入驻。2017 年 1 月 1 日起,平台关闭个人账户转为企业账户的申请入口,所有新账户必须以企业身份进行卖家账号注册及认证。一家企业在一个经营大类下可经营店铺数量限 3 家。

(2)商标标准。

2017 年速卖通平台全面实施商品品牌化,个别类目除外。2017 年 1 月 1 日开始,新发产品"品牌属性"必须选择商标。每个类目下对品牌的资质要求不相同,以提供商标注

实验项目 8　开通全球速卖通店铺

册证书,或商标受理通知书,或品牌授权书为主,部分品牌提供全链路进货发票也可以。

北京时间 2017 年 5 月 9 日下午,速卖通平台以下经营大类将开启审核制招商:服装服饰、箱包鞋类、精品珠宝、护肤品、美容健康、母婴 & 玩具、家居 & 家具、家装 & 灯具 & 工具、家用电器、运动鞋服包 & 户外配附、骑行 & 渔具、乐器、手机配件 & 通信、电脑 & 办公、消费电子、安防、办公文教用品、电子烟、平板、手机、汽摩配。

8.2　账号注册

第一步,登录全球速卖通官网首页,点击"立即入驻"(图 8.4)。

图 8.4　速卖通官网首页

第二步,设置用户名(图 8.5),需要输入电子邮箱,点击"下一步",系统自动将验证信息发送至邮箱(图 8.6),用户进入邮箱完成注册(图 8.7)。

图 8.5　设置用户名

验证信息发送至邮箱。

图 8.6　验证信息发送到邮箱

进入邮箱完成注册。

图 8.7　邮箱验证

第三步,填写账号信息(图8.8)。填写账号信息,设置密码、验证手机号码等,点击"确认"。

图 8.8　账号信息

第四步,注册成功(图8.9)。

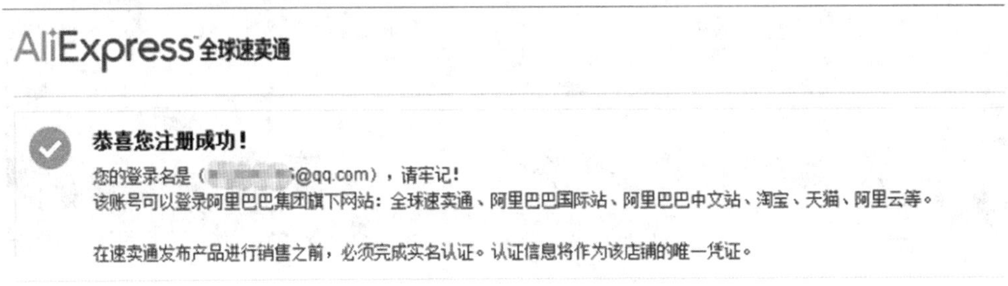

图 8.9　注册成功

8.3 实名认证

在速卖通平台发布产品销售之前,企业必须完成实名认证。每个企业最多可以认证 6 个速卖通账号,认证的过程包括支付宝实名认证、绑定支付宝、完善企业信息、完成认证。主要有以下几个步骤。

第一步,点击"去认证",如图 8.10 所示。

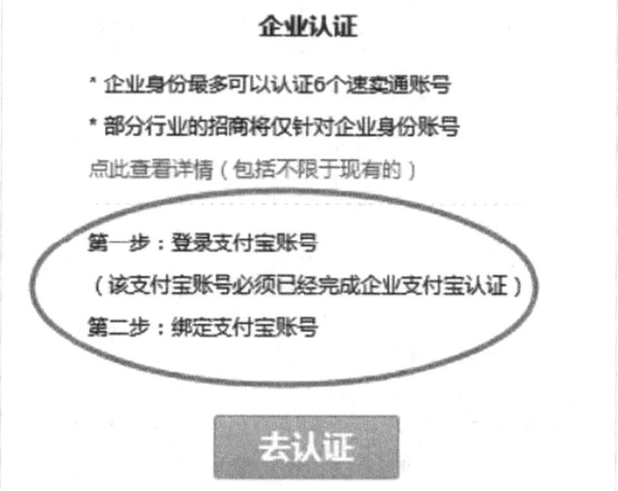

图 8.10 企业认证

第二步,打开支付宝登录页面,点击"免费注册",如图 8.11 所示。

图 8.11 支付宝账号登录和注册页面

第三步,在创建账户页面,选择"企业账户",进行企业支付宝账户注册。输入账户名和验证码,账户名是电子邮箱,之后选择"下一步",如图8.12所示。

图8.12 创建账户页面

第四步,选择"我是商家用户",如图8.13所示。

图8.13 用户类型选择

第五步,手机验证支付宝账户,如图8.14所示。

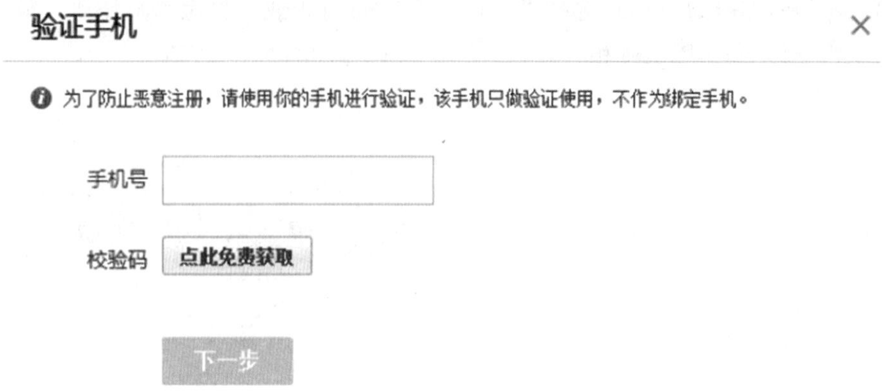

图 8.14　手机验证

第六步,邮箱验证支付宝账户,如图 8.15 所示。

图 8.15　邮箱验证

第七步,填写支付宝企业信息,包括密码信息(密码和密码保护问题)、企业实名信息(企业基本信息、单位类型、法人代表信息、实际控制人信息)。

第八步,上传证件。企业信息填写完毕后,上传企业法人营业执照和法人代表的证件照。

第九步,填写银行信息。选择开户银行,填写对公银行账户,信息填写完毕后,提交给平台,等待平台审核。

第十步,银行账户转账。平台审核成功后,需要从企业对公银行账户转账到平台支付宝账户,完成最后认证。

支付宝认证成功后,可登录店铺,进入店铺后台。点击"账号及认证",即可看到已经完成认证,如图 8.16 所示。

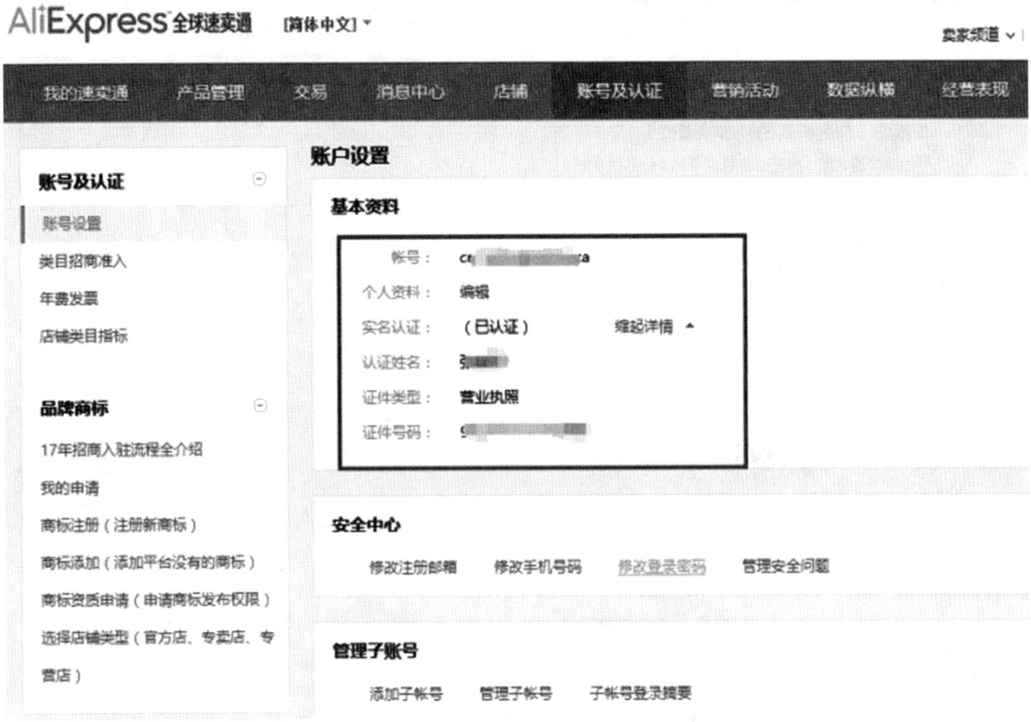

图 8.16 认证后台

8.4 开店考试

为了让新卖家尽快了解与熟悉速卖通,在进入操作后台进行实际操作之前,会有一个开店考试(图 8.17)。通过平台了解、发布产品、国际物流了解、平台规则、营销与数据等几个交易核心环节的培训,让新卖家了解速卖通、熟悉操作,并具备基本的出单技巧。考核知识点(图 8.18)包含速卖通及操作平台基本了解、如何发布一个完整产品、国际物流了解与操作、速卖通平台如何做营销、如何通过数据了解提升店铺、速卖通平台规则 6个模块的内容,每个模块下分别有针对性的视频教程。考试从这 6 个模块的知识点中随机抽取 50 道不定项选择题,取得 90 分及以上的卖家为合格卖家。合格卖家可以进入速卖通操作后台进行实际操作,而不合格的卖家可以选择重新抽取试题进行考试。

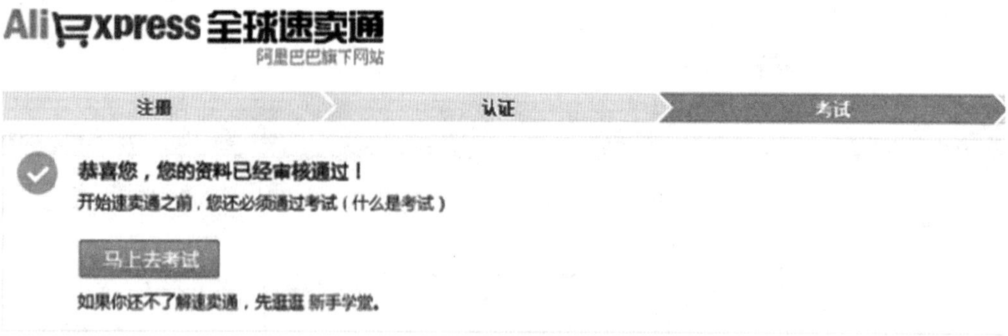

图 8.17　开店考试

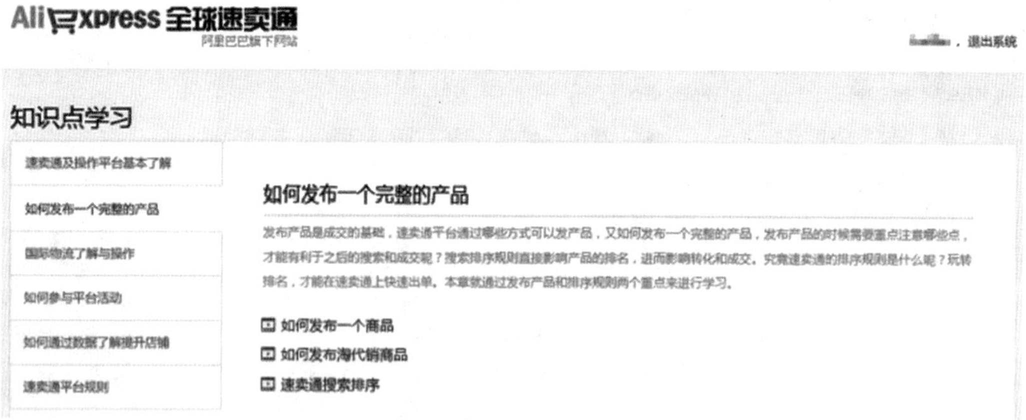

图 8.18　考核知识点

8.5　资质审核

　　2016 年速卖通重新定位平台使命,"货通天下"升级为"好货通,天下乐"。"好货通",帮助更多优秀的中国制造浮现出来,面向全球买家;"天下乐"始终围绕着消费者体验,希望带给买家更愉快的购物体验。这份使命不仅对商家的商品、服务提出更高要求,同时对平台自身的规则体系、运营体系、商家服务体系也提出了更高要求。为完成使命,自 2017 年 5 月 9 日开始,速卖通对商家经营的商品开启审核制招商,需经过商标审核后方可经营。需经过审核的经营大类的商品主要包括:服装服饰、箱包鞋类、精品珠宝、护肤品、美容健康、母婴&玩具、家居&家具、家装&灯具&工具、家用电器、运动鞋服包/

户外配附、骑行/渔具、乐器、手机配件&通信、电脑&办公、消费电子、安防、办公文教用品、电子烟、平板、手机、汽摩配。主要有以下4个审核步骤。

第一步,进入店铺后台,点击"账号及认证",在屏幕左侧点击"类目招商准入",在此页面中,在"正在招商的行业类目"处选择你所经营的类目,点击"立即申请"即可,如图8.19所示。

图 8.19　招商申请

第二步,阅读并签署"行业类目服务准入协议",如图8.20所示。

第三步,下载产品清单,填写并上传。卖家选择经营大类,从系统中下载产品清单,填写并上传,待平台审核通过后,便可缴费入驻。产品清单样式如图8.21所示。

图 8.20　行业类目服务准入协议

1、带*项为必填项：每个类目，请卖家提供10-30款商标产品清单和对应的实物图片，以利于小二能更好了解店铺定位和风格，行数、大小宽度不够请自行添加调整；

2、请认真填写以下信息，确保内容真实有效，若后续平台发现卖家实际售卖的商品与上传的清单样品不符，保留关闭账号清退权利；填写完毕后直接以excel格式在对应资质提交入口上传；

3、生产商名称：如为市场拿货，请标注市场名称；

4、实物图片：请上传产品的实物图片，实物中需要凸显商标logo，部分配附件行业可根据行业的特性，选择在包装上展示logo，小二综合审核判定。

产品清单												单店经营	经营大类	类目
商标名称*	商标来源*	风格	其他平台的店铺或商品链接	是否原创设计*	生产商名称*	产地*	销售对应类目*	具体产品名称*	材质*	包邮预销售价格（美金）*	实物图片*	服装服饰	服装服饰	Apparel Accessories（服饰配件）
														Women'

图 8.21　产品清单样式

说明：营业执照与商标的经营范围原则上必须相符合（如要做女装，那么营业执照中要有服装经营类目，商标则必须是服装经营类目），如果不符合，那就不能以 100% 的概率通过审核，有可能失败，切记！！！

第四步，审核通过后即可缴费，之后上传商品。不同的类目，技术服务年费收费标准不同。

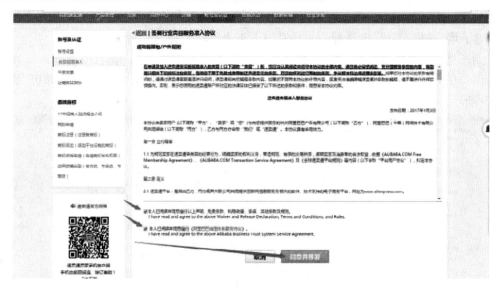

实验项目 9

Chapter 9

数据分析选品

实验目的：明确红海和蓝海产品的区别，学会利用数据纵横进行选品。

实验任务：下载某类产品的 30 天行业数据资料并分析。

选品的重要性不言而喻，就像射击打靶一样，瞄准才行。选品是最难的一项任务，一个店铺有没有拿得出手的商品，对于店铺的利润有着直接的影响，与店铺的生死存亡有着至关重要的关系。跨境电商数据选品不同于内贸电商数据选品，内贸电商需要先选择一款待销售的商品，然后用数据来分析该商品的销售前景、市场竞争等各方面的信息，而跨境电商选品是利用阿里巴巴强大的后台数据直接分析出可销售的商品是什么，选出该商品进行销售。选品前学会识别数据反映出的红海和蓝海产品，先对商品有一个感性的认识，然后再通过数据分析进行选品。

9.1 数据分析

在速卖通店铺后台有"数据纵横"选项卡，点击"数据纵横"，会看到"商机发现"和"经营分析"两个栏目。"商机发现"栏目的内容主要是为平台卖家在正式经营之前提供数据情报的，包括行业情报、搜索词分析和选品专家。在利用数据分析选择具体销售的商品之前，先用行业情报的数据了解一下全球速卖通平台十八大类目的行业销售趋势，通过搜索词分析数据可以看出各大类目平台买家热搜的商品是什么，再利用选品专家数据下的成交指数、竞争指数、浏览－支付转化率排名数据具体分析某一大类目下可销售的商品；"经营分析"栏目的内容是为开通店铺运营后的卖家提供数据情报的，包括成交分析、商品分析和实时风暴。选品有如下具体操作步骤。

第一步，进入速卖通卖家后台，点击"数据纵横"，如图 9.1 所示。

电商创业实操教程

图9.1　店铺后台页面

第二步，点击"行业情报"（图9.2）。

图9.2　行业情报

第三步,点击"行业概况",选择行业和时间(图9.3)。行业有多种,可逐一行业进行分析;时间分为7天、30天和90天。选择后出现"行业数据""行业趋势"和"行业国家分布"3组数据图表(图9.4)。

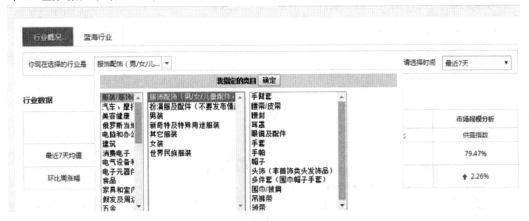

图9.3 行业和时间的选择

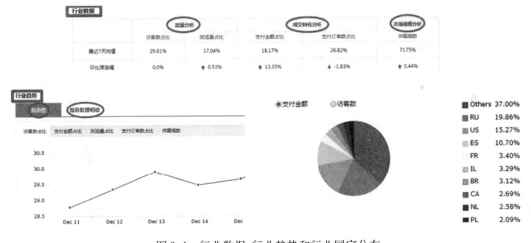

图9.4 行业数据、行业趋势和行业国家分布

行业数据中包含5个指标,分别是访客数占比、支付金额占比、浏览量占比、支付订单占比和供需指数,数据为分析期间内的均值和涨幅百分比;行业趋势包含两个指标,分别是趋势图和趋势数据明细;行业国家分布包含支付金额和访客数两个指标,说明订单及浏览量来自哪些国家。

趋势图是反映分析期间内访客数占比、支付金额占比、浏览量占比、支付订单占比、供需指数5个指标的整体趋势。

第一个指标：访客数占比（图9.5），该指标反映的是分析期间内所选行业访客数占上级行业访客数的比例，比值上升说明该行业访客数增加。

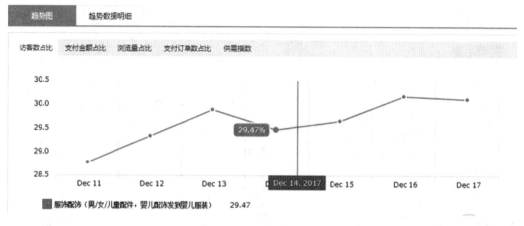

图9.5　访客数占比

第二个指标：支付金额占比（图9.6），该指标反映的是分析期间内所选行业支付成功金额占上级行业支付成功金额的比例，比值上升说明所选行业前景较好。

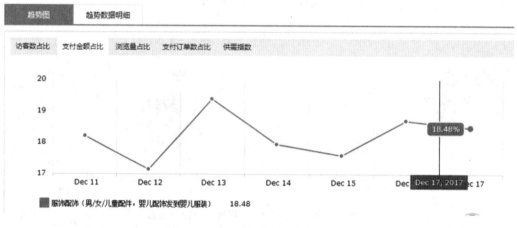

图9.6　支付金额占比

第三个指标：浏览量占比（图9.7），该指标反映的是分析期间内所选行业浏览量占上级行业浏览量的比例，比值上升说明该行业浏览量增加，买家关注度在上升。

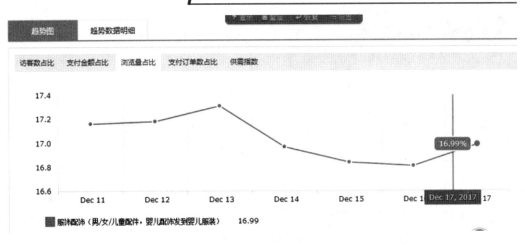

图9.7 浏览量占比

第四个指标:支付订单数占比(图9.8),该指标反映的是分析期间内所选行业支付成功订单数占上级行业成功支付订单数的比例,比值上升说明该行业订单量在增加。

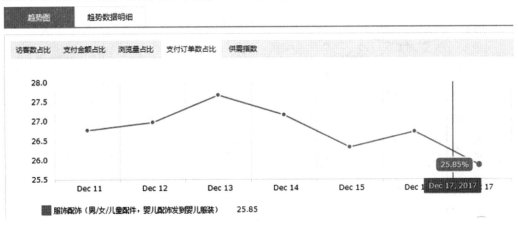

图9.8 支付订单数占比

第五个指标:供需指数(图9.9),该指标反映的是分析期间内所选行业中商品指数占流量指数的比例,指数越小,说明竞争越小。

电商创业实操教程

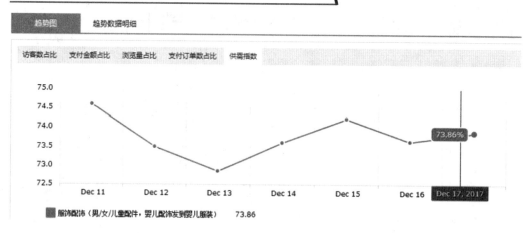

图 9.9　供需指数

"趋势数据明细"是上述 5 个指标在分析期间内每一天的具体数据(图 9.10)。卖家可将数据下载进行具体分析,从而选择出发展趋势较好的行业进行选品。

日期	流量分析		成交转化分析		市场规模分析
	访客数占比	浏览量占比	支付金额占比	支付订单占比	供需指数
2017-12-11	28.77%	17.16%	18.21%	26.77%	74.59%
2017-12-12	29.33%	17.18%	17.15%	26.98%	73.49%
2017-12-13	29.89%	17.31%	19.38%	27.67%	72.85%
2017-12-14	29.47%	16.97%	17.95%	27.16%	73.6%
2017-12-15	29.65%	16.84%	17.59%	26.33%	74.22%
2017-12-16	30.18%	16.81%	18.69%	26.73%	73.64%
2017-12-17	30.11%	16.99%	18.48%	25.85%	73.86%

图 9.10　趋势数据明细

在成为平台卖家之前,可将平台可销售的十八大类目商品按照上述方法进行逐个类目的详细分析,在行业发展较好的类目中进行选品。

第四步,点击"搜索词分析",如图 9.11 所示。

实验项目9 数据分析选品

图9.11 搜索词分析

第五步,点击"热搜词",选择全部行业→国家→时间,如图9.12所示,可看到所选择的行业平台买家热搜的关键词是什么,搜索人气、搜索指数、点击率、浏览-支付转化率、竞争指数以及排名前三的热搜国家,从而可以初步判断在该行业类目中比较热销的商品是什么。

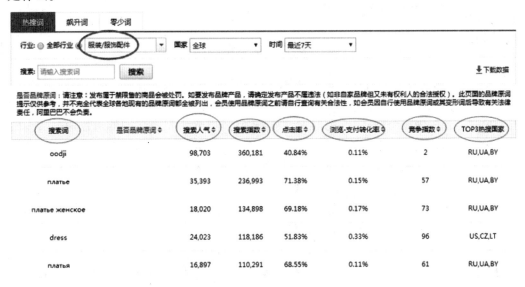

图9.12 热搜词数据

183

9.2 选 品

通过行业情报和搜索词分析已经对全球速卖通平台十八大类目的商品整体行业进行了了解,接下来需要通过选品专家具体进行数据分析和确定待销售商品。主要有以下3个步骤。

第一步,点击"选品专家"(图9.13)。

图9.13 选品专家

第二步,认识红海和蓝海商品。在选品专家界面,可以看到不同行业、不同国家、不同时间的红海商品和蓝海商品是什么(图9.14),并且可以将数据资料下载分析。图中圈的颜色为蓝色的为蓝海商品,红色的为红海商品,还有介于二者之间的灰色商品。圈的颜色越红表示该商品在平台上销售的卖家越多,竞争越激烈;圈的颜色越蓝表示该商品在平台上销售的卖家越少,竞争越不激烈;灰色介于二者之间。圈的大小表明商品的销量,圈越大表示该商品在平台上的销量越大,圈越小表示该商品在平台上的销量越小。大红圈表示该商品市场成交量大,平台卖家比较多,竞争比较激烈,比较难进入;大蓝圈表示该商品成交量大,但是平台卖家比较少,竞争不激烈。对于创业者而言,应尽量选择大蓝圈的商品销售,如无,则尽量选择大灰圈的商品销售,为降低风险应避免选择大红圈的商品销售,但并非不能选择。当然,无论选择什么样的商品都面临着不同的机遇和风险,最终选什么商品需要用数据来决定。

实验项目 9　数据分析选品

图 9.14　红海和蓝海产品显示

点到某一个圈即可看到该商品的详细情况，如图 9.15 所示。

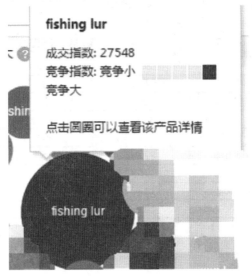

图 9.15　商品详细信息

第三步，通过上述分析可对所选行业内的商品进行大致的了解，而具体选品还要进行数据对比。在选品专家页面的右上角点击"下载最近 30 天原始数据"字样,如图 9.16 所示。

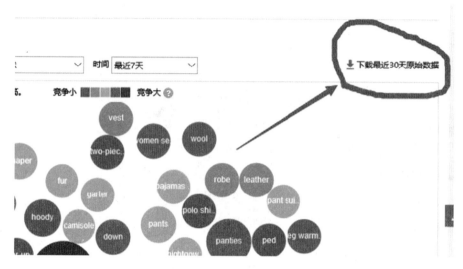

图 9.16　下载详细数据

数据下载完成后,形成 Excel 表格,该表格中有 3 个关键的数据指标,即成交指数、浏览 – 支付转化率排名和竞争指数(图 9.17)。

行业	国家	商品关键词	成交指数	浏览-支付转化率排名	竞争指数
女装	全球	dress	120718	8	2.33
女装	全球	blouse	66313	1	1.35
女装	全球	t-shirt	60871	10	1.25
女装	全球	panties	38908	3	0.75
女装	全球	tank	34123	7	0.72
女装	全球	bra	27792	5	0.57
女装	全球	legging	17032	15	0.81
女装	全球	sock	16440	4	0.59
女装	全球	jumpsuits	16129	12	0.94
女装	全球	skirt	15683	16	0.88

图 9.17　详细数据表格

(1)成交指数:在所选行业及所选的时间范围内,累计成交订单数经过数据处理后得到的对应指数,该指数越大说明成交量越大。值得注意的是,成交指数不等于成交量,但是可以反映成交量的大小。

(2)浏览-支付转化率排名:买家浏览后下单的排名,即在所选行业及所选的时间范围内,产品词的购买率排名,排名越靠前,说明买家浏览后购买的机会越大。

(3)竞争指数:竞争指数越大,竞争越激烈,一般小于 1 比较好。

综合上图中表格,选品时要先看成交指数,选择成交指数大的商品关键词,然后看竞争指数,要选择竞争指数小的商品关键词(一般情况下竞争指数低于 1 比较好),最后看浏览-支付转化率排名,选择排名靠前的商品。综合这 3 个指标,在上图中选择 panties 较好。

综上可知,选品永远不选小蓝圈,因为虽然竞争小,但市场空间也小;也不选小红圈,因为竞争激烈而且市场空间小;选品可以选大蓝圈,或者大红圈,而大灰圈利润高时也可选择。

实验项目10
Chapter 10

店铺运营

实验目的:明确产品上传的步骤,会设置店铺活动。

实验任务:

(1)到1688货源网寻找商品,按照商品上传的要求和内容练习模拟上传商品。

(2)拟定一个"完美"的标题。

(3)设置一个店铺活动。

10.1 产品上传

确定所销售商品后,要将商品上传到卖家店铺,上传产品有以下几个步骤。

第一步,在卖家后台,点击"发布产品",如图10.1所示。

图10.1 店铺后台→发布产品

第二步,选择发布产品的种类(图10.2)。

实验项目10　店铺运营

图 10.2　发布产品

第三步,填写产品的详细信息(图 10.3),信息填写完整、准确,有助于提高产品的曝光率。红色＊为必填项,自 2017 年 1 月 3 日起,品牌项为新增必填项,T 标和 R 标均可,但要与店铺类型相对应。

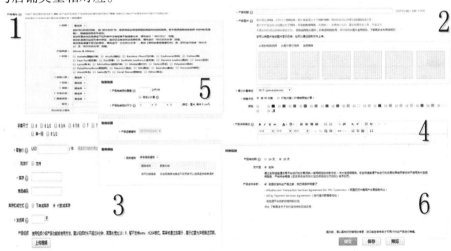

图 10.3　填写产品的详细信息

10.1.1　标题

设置标题的目的是为了让买家找到你的产品。买家用来搜索产品的词只有体现在

189

标题中,你的产品才能被买家搜到。好的标题能带来曝光和流量。

1. 标题获得途径

获得标题的途径有很多种,常用的获得标题的途径有 3 种:一是**从产品本身中挖掘出词**;二是**从平台找出买家热搜词**;三是**几乎所有产品都可以用的火爆流量词**。

(1)从产品本身中挖掘出词(图 10.4)。

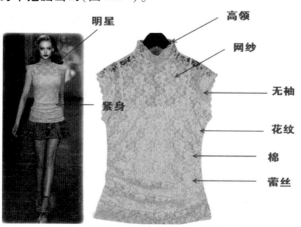

图 10.4　产品本身词

(2)从平台找出买家热搜词(图 10.5)。

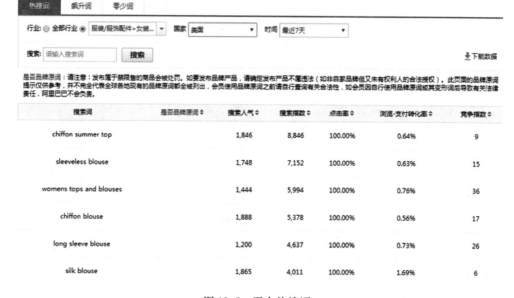

图 10.5　平台热搜词

（3）几乎所有产品都可以用的火爆流量词,如时尚、热销、高品质、新产品、厂家直销、大促销、便宜、包邮等。

2. 标题撰写步骤

（1）先挖掘出产品自身属性词,再去系统后台寻找买家搜索词。

（2）标题最长可输入128个字符。

（3）标题中同个单词只能用一次,大词除外,但不得超过两次,比如dress可以写成dresses。

（4）标题中不能出现和实际产品属性无关的词。

（5）多放热搜属性词。

（6）品类词尽量放在靠后的位置,最重要的关键词放在品类词前。

（7）标题语法尽量简单。

（8）标题尽量不用符号分隔,可以用空格,首字母尽量大写。

（9）撰写顺序尽量为限、观、形、龄、色、国、材。

（10）将准备的关键词组合起来就是标题。

综合标题获得途径,结合标题撰写步骤,可确定该商品中文标题为:热销明星同款 高品质棉质网纱无袖高领修身性感蕾丝花纹 T恤 女士品牌 包邮。

10.1.2 图片

上传图片的要求如下:图片格式为JPEG,文件大小在5 M以内,图片像素为800*800;图片背景为白色或纯色;LOGO放在图片的左上角;每次可上传6张图片,为取得视觉美观的效果,图片与图片之间最好留有一定的间隔。上传的图片注意不要侵权。（图10.6）

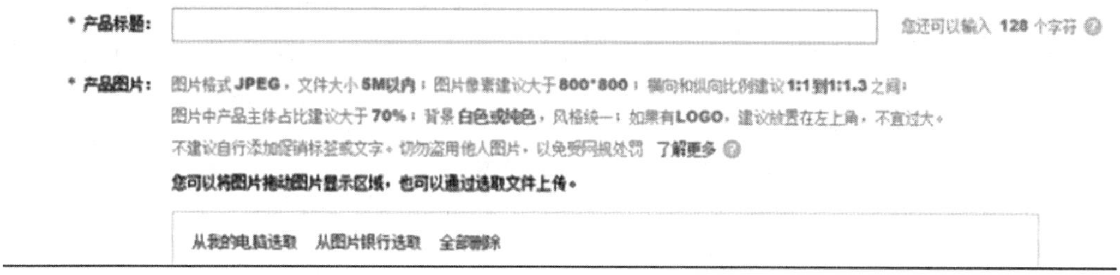

图10.6 图片要求

10.1.3 详情页

要上传的产品详细信息必须填写得真实、完整、准确。计量单位、颜色、尺寸等信息要与实际销售的产品相符,以免在买家收货后出现货不对版纠纷;商品的定价是至关重要的,定价需要考虑产品的生产成本或进货成本、物流成本、佣金、可能会发生的关税等成本信息,以及利润率,同时要考虑平台或店铺将要开展的打折活动或买送活动等,因为定价后的产品一旦上传,在活动期间内不能修改价格;商品编码是卖家为方便管理而自行编制的,只出现在后台,此编码不是出口商品的 HS 编码;发货期的天数不宜过长,一般与所选择的物流、商品库存等信息有关;如果有视频资料,可以上传产品的视频资料,视频资料不是越大越好,建议时长不超过 4 min;在以上信息中未展示完全的,也可用文字、图片、表格等形式对产品进行详细的描述,如尺码表、支付、物流说明、售后服务、品牌说明等。详情页页面如图 10.7 所示。

图 10.7　详情页页面

包装信息、物流信息等的填写如图 10.8 所示。包装信息的填写有助于计算运费。

实验项目10　店铺运营

产品有效期可选择为14天或30天。

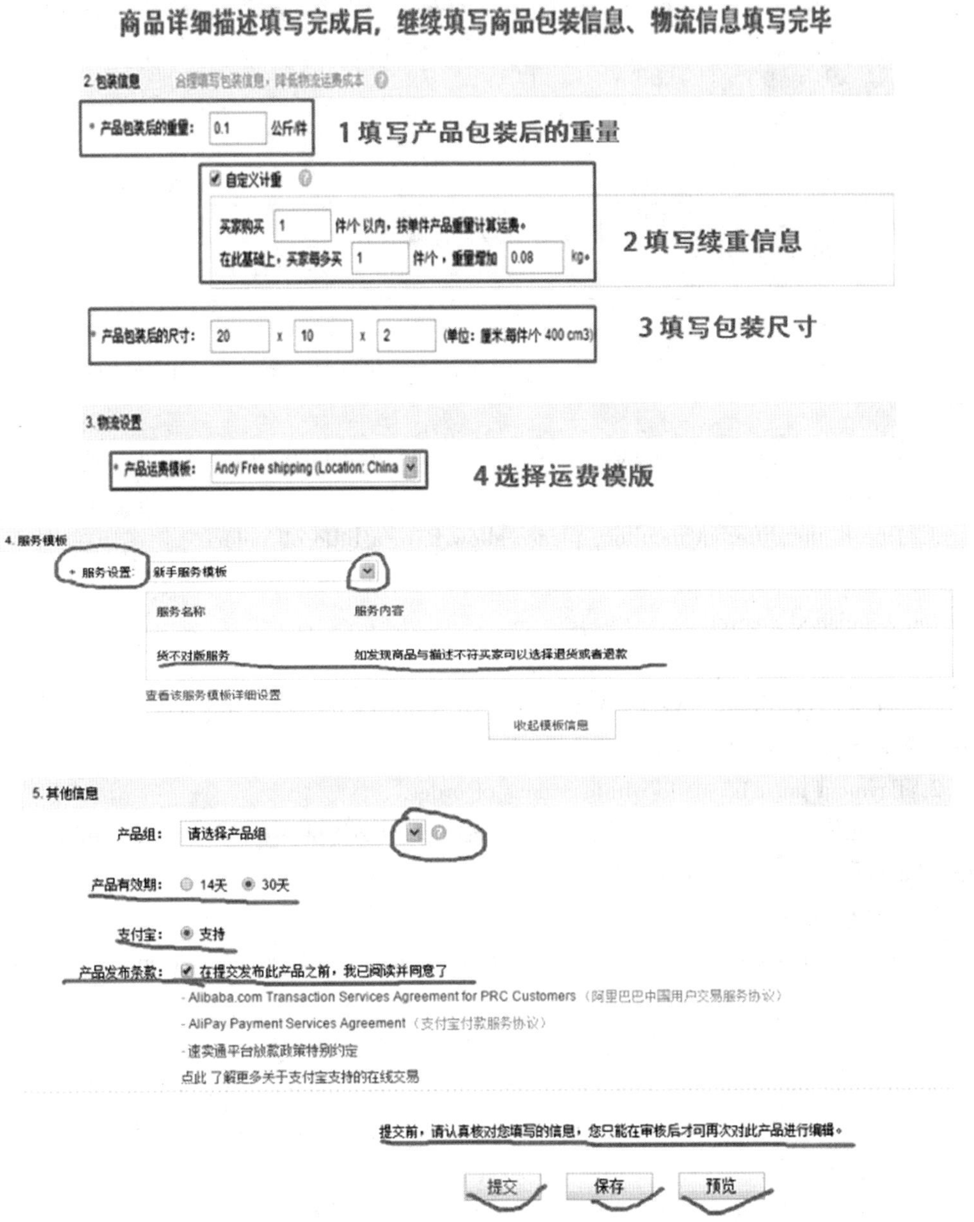

图10.8　包装和物流信息

尺码描述、支付等信息如图10.9所示。

Size	Bust	Waist	Length
	cm	cm	cm
S	88	74	100
M	92	78	101
L	96	82	102
XL	100	86	103
2XL	102	92	104
Weight	0.3KG		

Notice:

1. Please leave your full name when you purchase to make sure the order processed normally.

2. Please look at the size chart carefully, because of manual measurement, please forgive 1~3cm error.

3. Due to the different monitor, please allow have a little off color.

4. Any problem feel free to contact us, no matter before or after you purchase, we will give you a satisfied answer.

Payment:

1. We accept Alipay, West Union, TT. All major credit cards are accepted through secure payment processor ESCROW.

2. Payment must be made within 3 days of order.

3. If you can't checkout immediately after auction close, please wait for a few minutes and retry. Payments must be completed within 3 days.

Free Shipping:

We will send out your goods within 5 business days as AliExpress recognized your payment.

1. We ship worldwide by China post air. To USA, by E-packet.

2. We send your goods for free shipping by DHL/EMS when order reach 200 $.

3. If you do not get package in long time, please try to contact local post office, sometimes package be there.

Delivery time 20~60 working days China post air (To Brazil, Russia, takes long).

Delivery time 5~8 working days E-packet.

Delivery time 8~20 working days DHL/EMS.

图10.9 尺码描述、支付等其他信息

Feedback：

1. We do want to establish long – term friendly business relationship with you, so your feedback is very important to us. Please leave us your positive back.

2. When you receive the item and satisfied with the product, please leave positive feedback with 5 star.

Return：

1. If there are some damage during shipping or quality, please, contact us within 3 days, email with the photo of products. We will offer you refunds or exchanges for compensation.

2. We accept item returning without reason, but buyer have to pay the returning shipping cost.

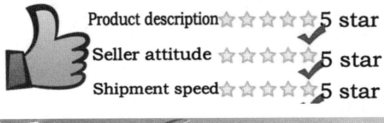

图 10.9　尺码描述、支付等其他信息（续）

详情页制作过程中最重要的填写项目为产品定价和运费模板的设置。产品的价格构成包括进货成本、国内运费、国际运费、利润率、速卖通佣金等，还要考虑可能会发生的关税、参与的店铺打折活动等。运费模板的设置将在项目 11 中详细介绍。

10.2　店铺活动

10.2.1　平台促销活动

平台促销活动是指阿里巴巴全球速卖通面向卖家推出的免费推广服务，它包含 SuperDeals 活动和在特定行业、特定主题下的产品推广活动。每一期活动都会在 My AliExpress 的营销中心频道中进行招商。您可以用符合招商条件的产品报名参选，一旦入选，您的产品就会出现在活动的发布页面，获得推广。

如果您的产品入选了速卖通平台促销活动，它们将在单独的促销活动页面上展示，会获得更多曝光机会,从而可能带来更多订单。

下面介绍参加速卖通平台促销活动的报名步骤。

进入速卖通店铺卖家后台,选择"营销中心"中的"平台活动",选择您希望参加的活动,点击"我要参加",并按照页面提示选择要参选的产品;点击"参加活动"链接,填写好活动必需的字段,依次填写完毕后,点击"提交"即可。(图10.10)

图10.10　平台促销活动报名页面

10.2.2　速卖通营销活动

与平台促销活动不同的是,速卖通营销活动是每个卖家都可以参加的。卖家可根据自己店铺的实际情况来设置符合自己店铺的活动,从而为店铺获取利益的最大化。下面逐一介绍平台营销活动内容(图10.11)。

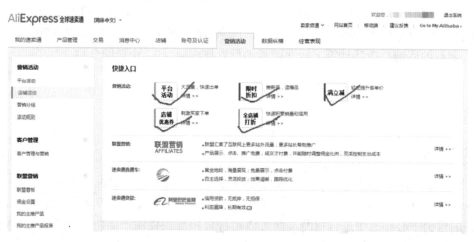

图10.11　平台营销活动内容

1. 全店铺打折

对全店铺商品进行打折销售，根据每个商品所赚取的利润对商品设置折扣销售。设置步骤如图 10.12 所示。

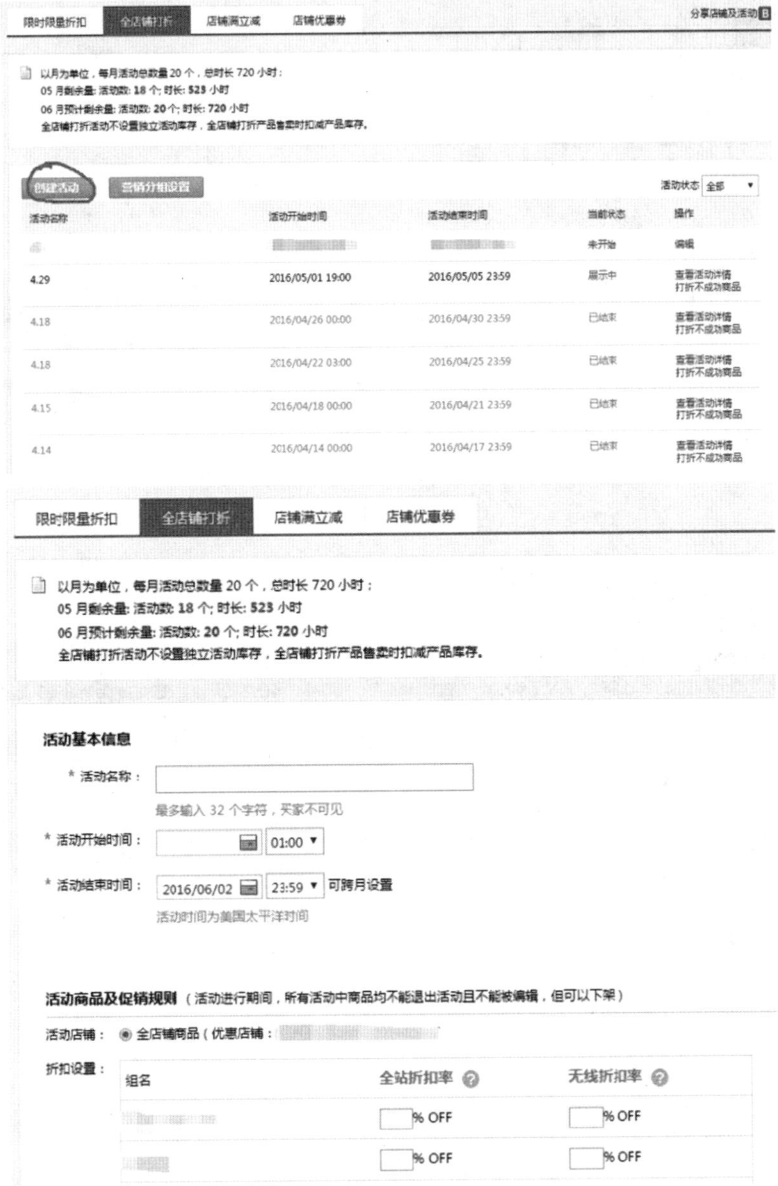

图 10.12　全店铺打折设置

2. 限时限量折扣

由字面意思可看出,这种折扣对时间和商品数量有着限制和要求,指在规定的时间内对特定的商品进行折扣销售。设置步骤如图 10.13 所示。

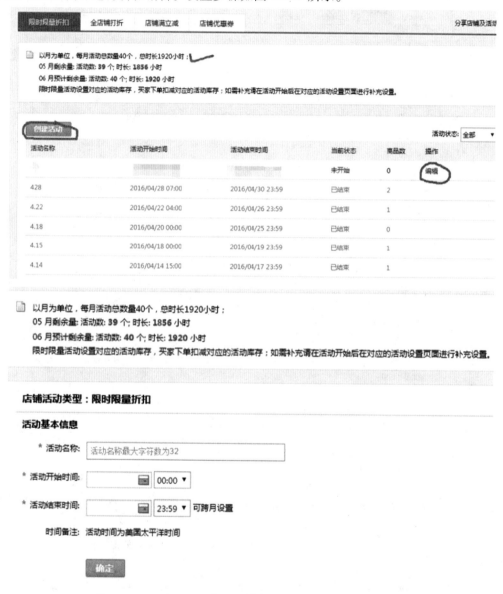

图 10.13　限时限量折扣设置

实验项目 10　店铺运营

3. 满立减

根据买家在店铺消费的情况来设置满立减活动。例如:购买 MYM99 可以减 MYM4。从另一方面给买家优惠,给其留下深刻印象。设置步骤如图 10.14 所示。

图 10.14　满立减设置

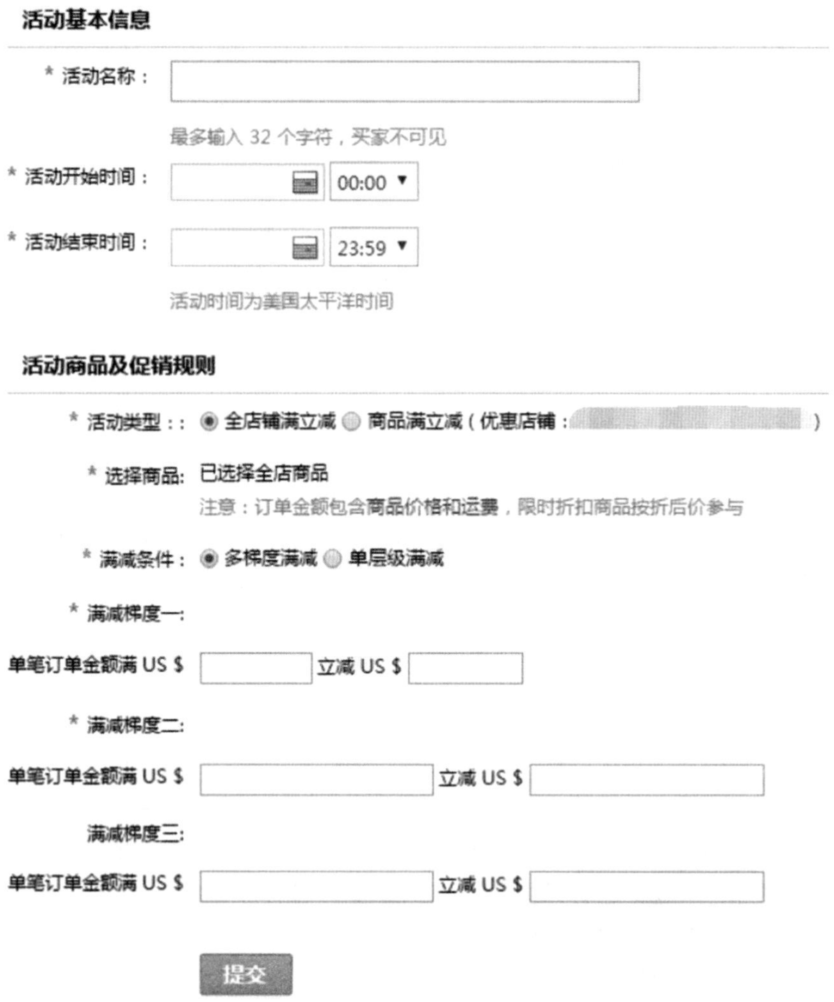

图 10.14　满立减设置(续)

4. 优惠券

可以设置为购买一定金额的商品来获取不同数额的优惠券。既可给买家增加优惠程度,又可给卖家获取更多的曝光量、浏览量,最终达到增加下单量的目的。设置步骤如图 10.15 所示。

图 10.15　优惠券的设置

活动基本信息

* 活动名称： [活动名称最大字符数为32]
最多输入 32 个字符，买家不可见。

* 活动开始时间： [　　] 00:00 ▼

* 活动结束时间： [　　] 23:59 ▼ 可跨月设置
活动时间为美国太平洋时间

优惠券领取规则设置

领取条件： ☑ 买家可通过领取按钮领取Coupon

* 面额： US$ [　　]

每人限领： 1 ▼

* 发放总数量： [　　]

优惠券使用规则设置

使用条件： ○ 不限
　　　　　 ● 订单金额满 US $ [　　]

* 有效期： ● 有效天数 买家领取成功时开始的 [　] 天内
　　　　　 ○ 指定有效期 [　　] 00:00 ▼ 到 [　　] 23:59 ▼
使用开始时间需要距今90天内，使用有效期最长为180天。

图 10.15　优惠券的设置(续)

实验项目 11

Chapter 11

物流与客服

实验目的:学会设置运费模板,模拟客服处理站内信、订单留言和纠纷。
实验任务:
(1)设置一个运费模板。
(2)处理一个纠纷。

11.1 运费模板设置

运费模板设置的作用不言而喻。卖家应根据物流状况设置发货国家,根据运费谨慎选择物流。因为在平台中超过80%的买家选择购买免运费商品,所以建议卖家选择价格低的物流方式设为卖家承担运费。运费模板设置有如下几个步骤。

第一步,进入店铺后台,点击"产品管理",再点击"运费模板",如图11.1所示。刚刚开店的新手,可以先设置新手运费模板,也可以点击"运费模板设置教程",先学习一下。

第二步,对于大部分卖家而言,新手模板是不能满足使用要求的,所以在新手模板小试牛刀后应点击"新增运费模板"按钮进行自定义模板设置。根据自己喜好输入模板名称,名称为英文或数字,点击"保存"即可,如图11.2所示。

图 11.1 管理运费模板

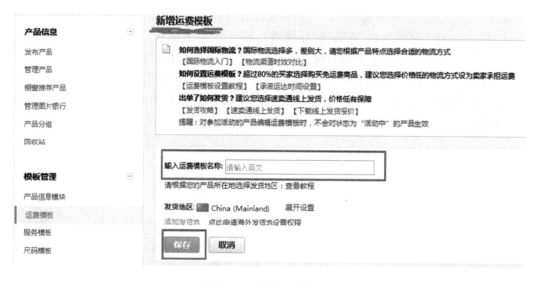

图 11.2 新增运费模板

第三步，返回运费模板后可以看到自己新增的运费模板，然后点击其进行编辑。如果模板名称设置错误，或需要取消该运费模板，则可以选择删除。在编辑运费模板页面可分别设置不同类型的物流信息，如经济类物流设置中国邮政小包，标准类物流设置e邮宝和中国邮政挂号小包，快递类物流设置EMS、DHL、UPS、无忧物流－优先。可点击"查看详情"了解详细的物流信息。经济类物流适合货物价值低、质量轻的商品，运输时间长；标准类物流特点是全程物流信息可追踪；快递类物流适合高价值商品使用，特点是运输速度快、运费高、全程物流信息可追踪，如图11.3所示。针对商品特点的不同，不同物流公司的服务特点也不尽相同，需综合考虑再进行物流模板设置。没有最好的物流，只有是否适合的物流。

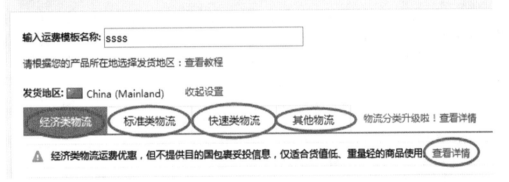

图11.3 运费模板内容

电商创业实操教程

了解基础物流信息后可开始物流模板设置。

第四步,经济类物流模板设置如图 11.4 所示。

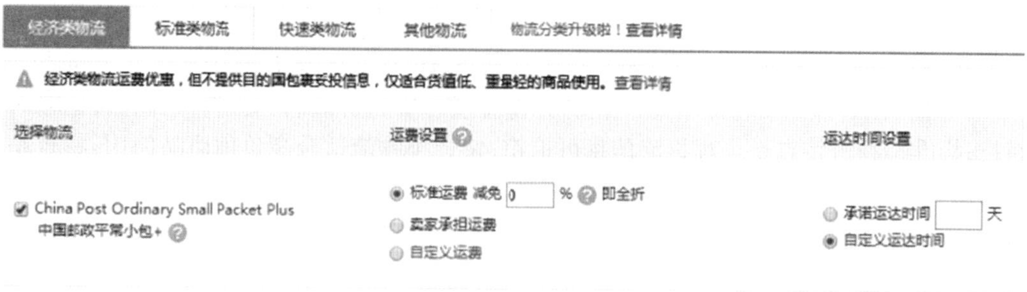

图 11.4 经济类物流模板设置

勾选"中国邮政平常小包 + ",进行运费设置和运费到达时间设置。如选择标准运费,需设置减免率,可选择卖家承担运费,也可进行自定义运费设置;承诺到达时间根据实际业务中选择的物流公司和运输距离的远近酌情填写。下面详细介绍自定义运费模板设置。

①点击"自定义运费",按照地区设置运费模板,如图 11.5 所示,对 6 大洲分别进行设置。点击"显示全部",显示该洲的全部国家,根据各国情况,勾选相应适合销售对象的国家,勾选结束后,点击"收起",接着按照同样的步骤设置其他国家。字体标红的国家一般为热门国家。可设置卖家承担运费,吸引客户。

图 11.5 选择发货国家

②全部勾选完毕后点击"设置发货类型",如图11.6所示。运费类型包括标准运费、自定义运费、卖家承担运费,卖家可以根据具体情况设置为标准运费(同时设置相应的运费减免率)、自定义运费或卖家承担运费(即包邮),最后点击"确认添加"。

图11.6 设置发货类型

③如图11.7所示,选择"自定义运费"后,需要选择按照质量还是数量设置运费。

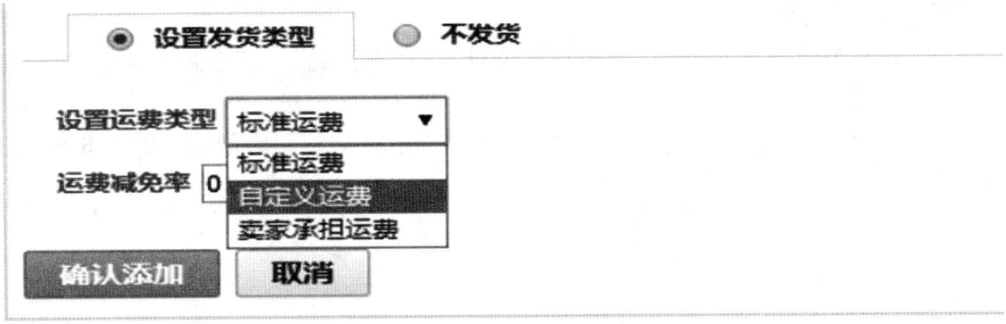

图11.7 设置自定义运费

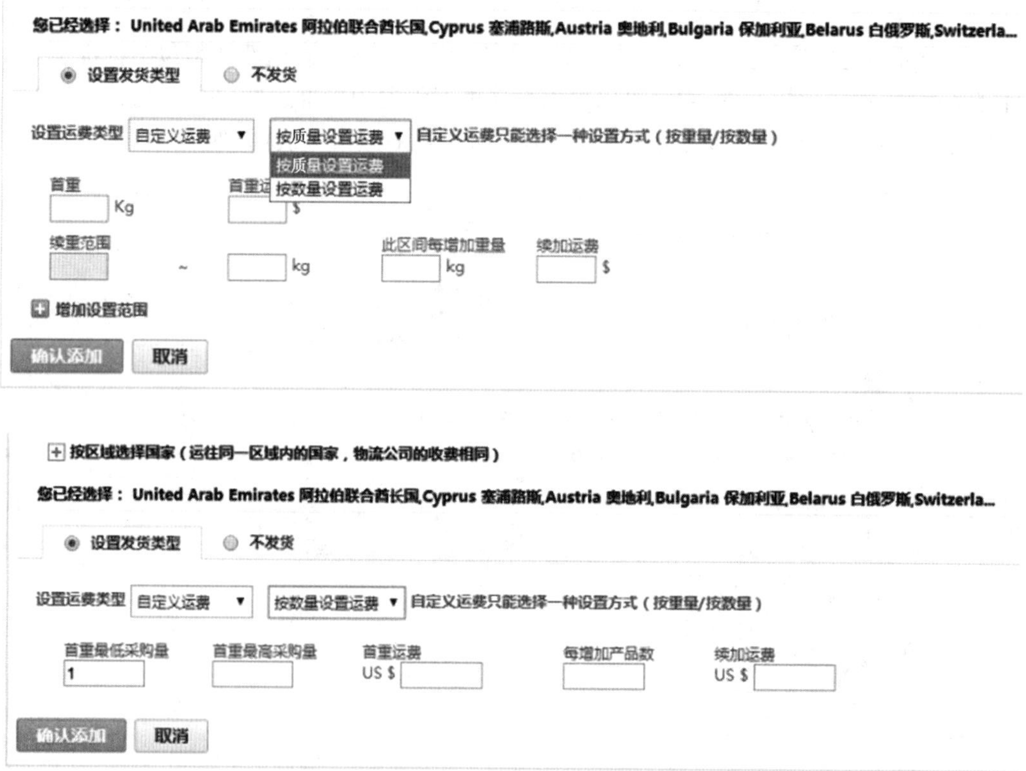

图11.7 设置自定义运费(续)

④点击"确认添加"按钮。

对于运费组合中不包含的国家或地区可设置为"不发货"。其他类型物流按照上述方法依次设置。

第五步,承诺到达时间设置。按照区域设置承诺货物到达时间,如图11.8所示,1区、2区、3区、4区依次设置。

图11.8 承诺达到时间设置

11.2 客户服务

速卖通作为全球货物的零售平台(客户群主要是商品的终端消费者或者是小型的零售商),以终端消费者为主,客户遍布全球。由于客户购买产品的目的是自己使用,因此往往对产品的质量、价格以及运输等问题比较关注。及时有效地与客户沟通尤为重要,与客户沟通是否顺畅是影响在线访客流量转化为订单的重要影响因素,也有助于卖家及时处理纠纷,降低纠纷率。随着电商平台竞争的日益激烈,卖家往往不是在拼价格、拼质量,而是在拼服务。与客户进行有效顺畅的沟通、满足客户的需求、解答客户的问题是速卖通客服人员的主要工作内容。在速卖通平台,卖家客服主要通过回复站内信和订单留言、纠纷处理3个渠道与客户进行沟通。

11.2.1 站内信

站内信相当于询盘,是买家下订单之前给卖家的询盘,如询问卖家有关商品的尺寸、颜色、能否打折、到货时间、物流方式等信息。卖家回复站内信的步骤为:登录卖家入口,

电商创业实操教程

进入首页,右上角显示"站内信";点击进入,查看站内信的内容,并据其内容对客户进行相应的回复(图11.9)。或者在卖家店铺后台首页点击"消息中心",点击"站内信",也可查看站内信的内容并进行回复和处理。已经处理的站内信可标记为已回复,也可打标签。

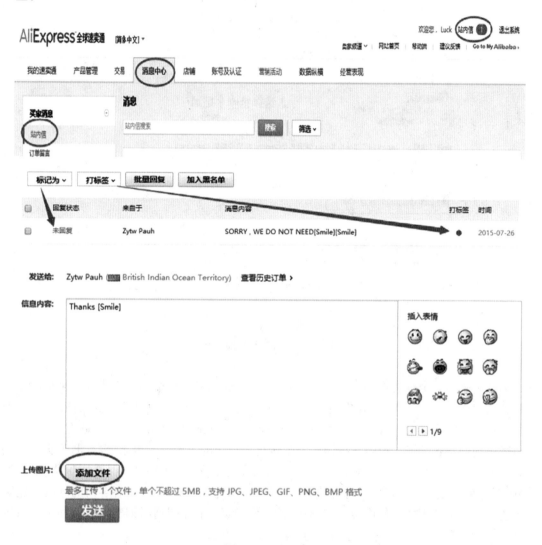

图11.9 站内信

11.2.2 订单留言

客户在下了订单后,如有问题或特殊要求会给卖家留言。卖家回复订单留言的步骤为:登录卖家入口,进入首页,点击"消息中心",点击"订单留言",可查看订单留言的内容并进行回复和处理。已经处理的订单留言可标记为已回复,也可打标签。(图 11.10)

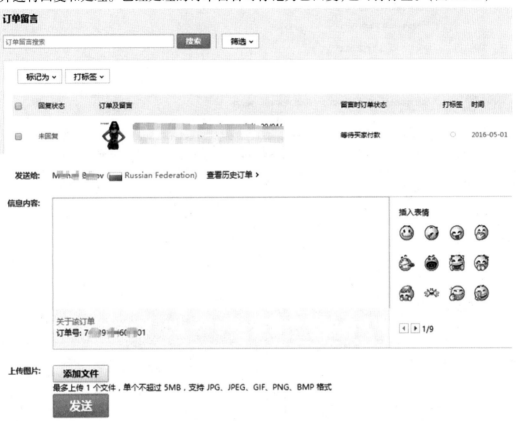

图 11.10　订单留言

图 11.10　订单留言(续)

11.2.3　纠纷处理

当发生交易纠纷时,卖家要及时与买家沟通,以期尽快解决问题。如果买家提起纠纷,应及时回复买家,查明引起纠纷的原因。一般情况下,未收到货和货物质量问题是引起纠纷的最主要原因。处理纠纷一般有以下步骤。

第一步,查看纠纷订单。点击"退款 & 纠纷",或者"有纠纷的订单"即可查看。(图11.11)

实验项目 11　物流与客服

图 11.11　店铺后台交易页面

第二步，在"退款 & 纠纷"中能够看到纠纷的状况，包括买家新提起的等待处理的纠纷、卖家已经拒绝的纠纷申请、平台已经介入处理的纠纷详情。点击等待确认的订单，如图 11.12 所示，首先查看纠纷详情，然后点击"接受"或"拒绝"，或点击"联系买家"进行回复。

图 11.12　有纠纷的订单

第三步，点击"纠纷详情"，查看纠纷原因（图 11.13）。

213

我的速卖通 > 纠纷列表 > 纠纷详情

纠纷详情

订单号：

纠纷状态：买家已提起纠纷，等待您确认

提醒：买家已经提起了纠纷，请及时主动和买家协商解决此纠纷。

如您未能在 **4天22时41分17秒** 内接受或拒绝买家提出的纠纷，则系统会根据买家提出的退款金额执行。 ← 超过时限平台会退款

注意：如买家有退货要求，但由于您未及时响应导致无法确认退货地址，系统将视为您放弃退货。

了解更多的纠纷规则/了解纠纷率的影响

[接受]　[拒绝]

纠纷信息

退货原因：

是否收到货物：收到

是否退货：否

纠纷原因：款式不符

纠纷订单总额：

退款金额：

纠纷提起时间：2016-05-01 02:05

请求详情：

附件：

图 11.13　纠纷详情

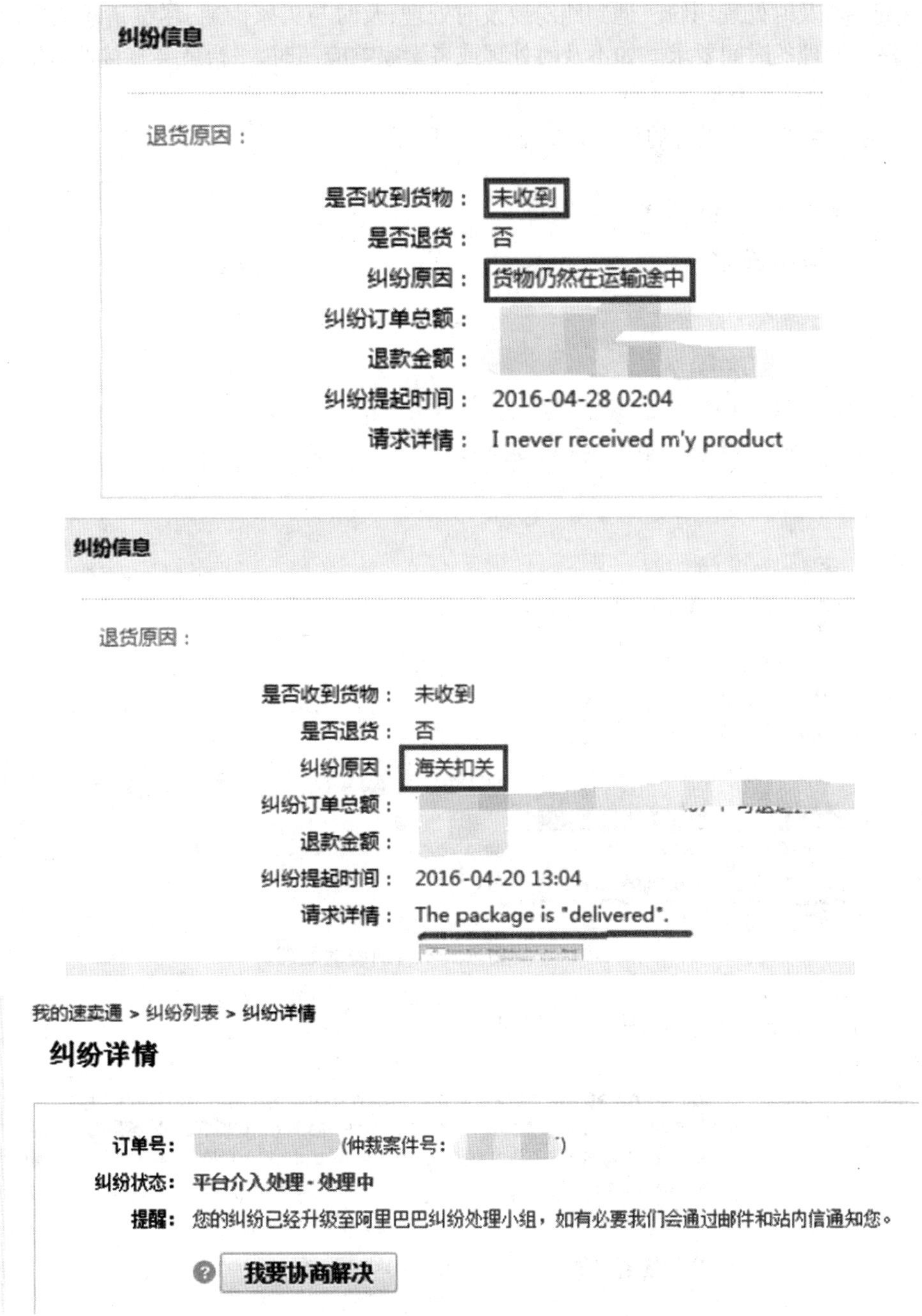

纠纷信息

退货原因：

是否收到货物： 未收到
是否退货： 否
纠纷原因： 货物仍然在运输途中
纠纷订单总额：
退款金额：
纠纷提起时间： 2016-04-28 02:04
请求详情： I never received m'y product

纠纷信息

退货原因：

是否收到货物： 未收到
是否退货： 否
纠纷原因： 海关扣关
纠纷订单总额：
退款金额：
纠纷提起时间： 2016-04-20 13:04
请求详情： The package is "delivered".

我的速卖通 > 纠纷列表 > 纠纷详情

纠纷详情

订单号： （仲裁案件号： ）
纠纷状态： 平台介入处理-处理中
提醒： 您的纠纷已经升级至阿里巴巴纠纷处理小组，如有必要我们会通过邮件和站内信通知您。

[我要协商解决]

图 11.13 纠纷详情（续）

第四步,及时处理纠纷。遇到纠纷要及时处理,及时与买家沟通,尽量请求买家取消纠纷,并注意处理的时间要求。如不及时处理或者卖家响应超时,平台就会直接退款给买家。

常见纠纷一般有以下3种。

①货物款式不符纠纷的处理,如图11.14所示。

图11.14 货物款式不符纠纷的处理

②未收到货物纠纷的处理,如图11.15所示。

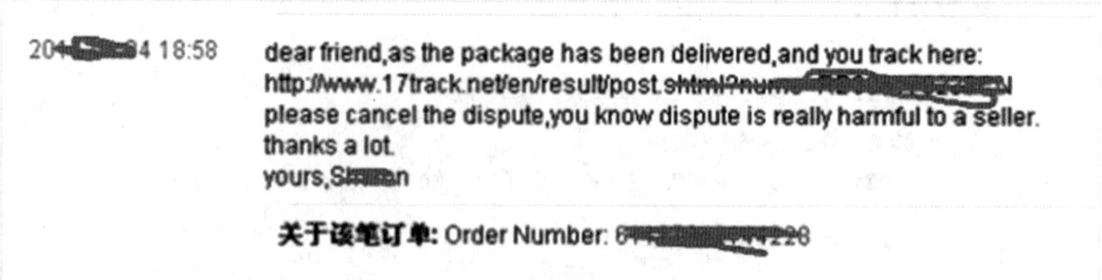

图11.15 未收到货物纠纷的处理

③如果拒绝买家提起的纠纷，则马上升级至平台仲裁。(图 11.16)

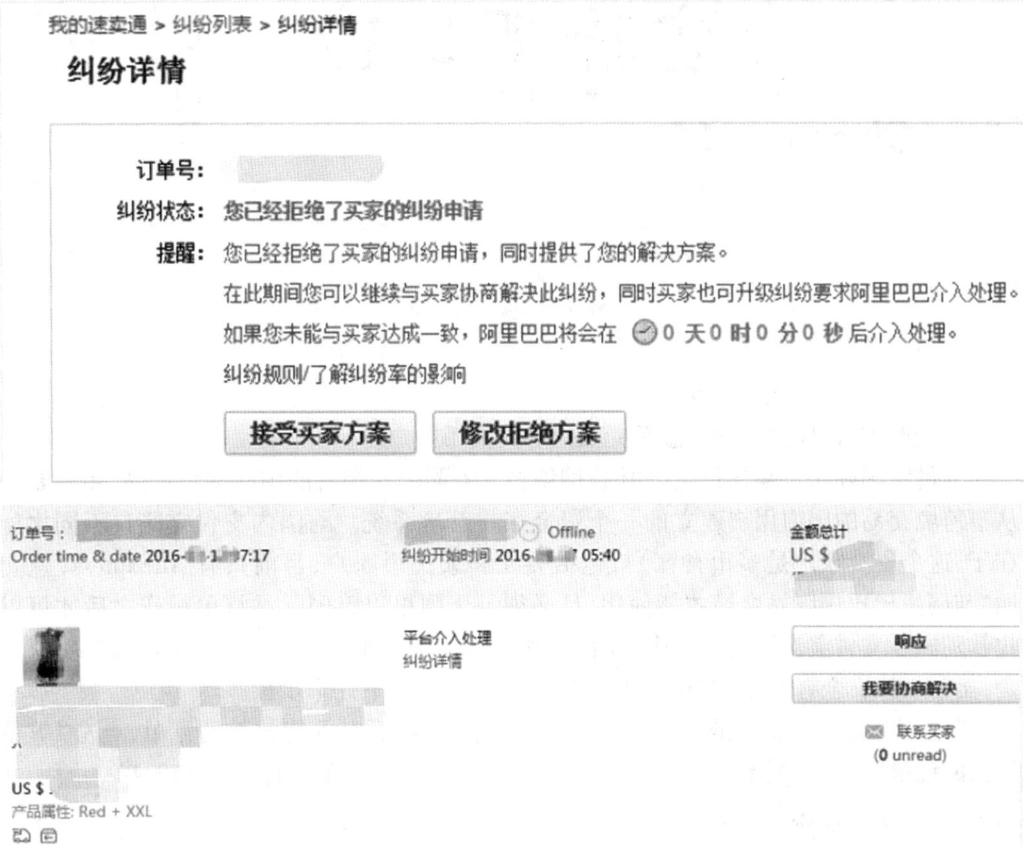

图 11.16　纠纷升级至平台仲裁

实验项目12
Chapter 12

国际支付宝

实验目的:了解取现流程。

实验要求:设置国际支付宝美元账户和人民币账户。

支付宝国际账户是支付宝(中国)网络技术有限公司拥有的国际支付产品,主要是为从事跨境交易的国内用户建立的一个资金账户管理系统。与国内支付宝账户不同之处在于,这个资金账户是多币种账户,包括美元和人民币账户,目前只有 AliExpress(速卖通)与阿里巴巴国际站会员才能使用,且必须基于阿里巴巴国际站订单操作之后才可以收款。国际支付宝支持买家使用信用卡、银行汇款等多种支付方式。买家付款后卖家发货,卖家收款安全有保障。交易后卖家收款的流程有以下几个步骤。

第一步,登录首页,点击"交易",在"我的订单"界面有等待放款的订单,点击"等待放款的订单",点击"请款",填好申请放款理由,上传相关证明文件。(图 12.1)

图 12.1　查看等待放款的订单

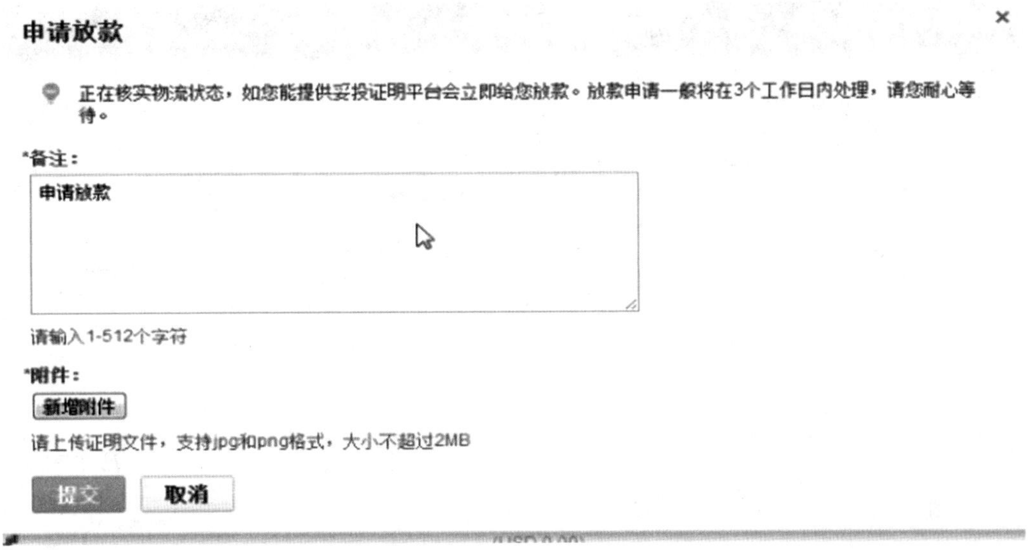

实验项目 12　国际支付宝

图 12.1　查看等待放款的订单(续)

第二步,在交易界面,点击左侧边栏的"支付宝国际账户",如图 12.2 所示。

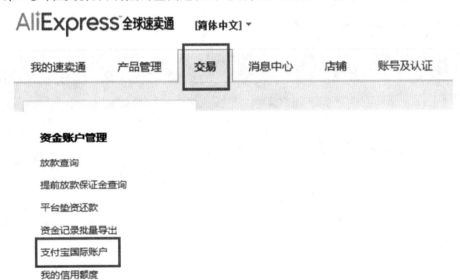

图 12.2　支付宝国际账户

第三步,进入账户首页(如图 12.3),显示当前美元账户和人民币账户余额,提现账户情况和交易记录情况。

电商创业实操教程

图 12.3 账户首页

第四步,点击"交易记录",可以查询到近期账户交易的各项明细,但仅能查询最近 6 个月的记录,如图 12.4 所示。

图 12.4 交易记录

第五步,先进行美元账户提现,再进行人民币账户提现,提现前先要进行美元和人民币账户设置。账户设置完成后,可进行提现,无论提取的金额为多少,提现的手续费为15美元。(图12.5)

图 12.5　账户提现

完成以上所有操作步骤,在全球速卖通平台开通的店铺就可以正常运营了。

参 考 文 献

[1] 速卖通大学.跨境电商:阿里巴巴速卖通宝典[M].北京:电子工业出版社,2015.
[2] 红鱼.118问玩转"速卖通":跨境电商海外淘金全攻略[M].北京:中国海关出版社,2016.
[3] 中国国际贸易学会商务专业培训考试办公室.跨境电商操作实务[M].北京:中国商务出版社,2015.
[4] 中国国际贸易学会商务专业培训考试办公室.跨境电商英语教程[M].北京:中国商务出版社,2016.
[5] 周安宁,戈雪梅.跨境电子商务网络营销[M].北京:中国商务出版社,2015.
[6] 陈明,许辉.跨境电子商务操作实务[M].北京:中国商务出版社,2015.
[7] 刘世鹏.跨境电子商务实操教程:全球速卖通平台[M].哈尔滨:哈尔滨工业大学出版社,2016.